南汉二陵博物馆丛书

漢風唐韻

——五代南汉历史与文化

广州市文物考古研究院
南汉二陵博物馆 编著

文物出版社

图书在版编目（CIP）数据

汉风唐韵：五代南汉历史与文化 / 广州市文物考古研究院编著. -- 北京：文物出版社, 2020.9

ISBN 978-7-5010-5833-4

Ⅰ.①汉… Ⅱ.①广… Ⅲ.①文物—中国—南汉—图集 Ⅳ.①K871.432

中国版本图书馆CIP数据核字(2018)第261991号

审 图 号：GS（2020）5050号

粤S〔2020〕01-009号

汉风唐韵——五代南汉历史与文化

编　　著：广州市文物考古研究院
　　　　　南 汉 二 陵 博 物 馆

装帧设计：秦　彧
器物摄影：宋　朝　张　冰
责任编辑：秦　彧
责任印制：苏　林

出版发行：文物出版社
社　　址：北京市东直门内北小街2号楼
邮　　编：100007
网　　址：http://www.wenwu.com
邮　　箱：web@wenwu.com
经　　销：新华书店
印　　刷：北京荣宝艺品印刷有限公司
开　　本：889mm×1194mm　1/16
印　　张：14　插页：5
版　　次：2020年9月第1版
印　　次：2020年9月第1次印刷
书　　号：ISBN 978-7-5010-5833-4
定　　价：320.00元

"汉风唐韵——五代南汉历史与文化" 展览筹备工作人员

展览总策划：朱海仁　韩维龙　冯永驱

展览策划：张强禄　易西兵

展览统筹：易西兵

策展人：苏漪

大纲编写：苏漪　陈馨

文物筹备：苏漪　陈馨　邝桂荣　龙丽朵　黄婷

文物保护：吕良波　袁琳芳　蒋礼凤　刘霞

陈列布展：陈馨　苏漪　莫慧旋　朱明敏　张百祥　吴妙妆
　　　　　熊友华　冯炳根　容健　蚁东熙　程浩　宋中雷
　　　　　黄浩　王斯宇　郑立华　孙玉霞　唐梵婷　肖泃
　　　　　曹耀文　吕良波　关舜甫　林莉琼　邝桂荣　龙丽朵
　　　　　黄婷　陈建彤　郭怡乐　黄嘉铭

宣传推广：孙玉霞

目 录

Contents

前　言
Preface

　　唐末，藩镇割据，战乱纷争。907 年，唐将朱全忠废唐称帝，建都开封，国号"梁"，史称"后梁"。不久，后唐、后晋、后汉、后周相继登上中原历史舞台。周边还有吴、南唐、前蜀、后蜀、南汉、楚、吴越、闽、南平、北汉等地方政权。这就是中国历史上的"五代十国"时期。

　　南汉为"十国"之一。唐将刘谦和刘隐、刘岩父子三人，从封州起家，逐步统治岭南。917 年，刘岩称帝，以广州为都，国号"大越"，次年改"汉"，史称"南汉"。南汉立国 55 年，971 年被北宋所灭。

　　千余年来，南汉历史迷雾重重。所幸，考古遗存和文物史迹记录了南汉国的若干历史文化场景。让我们得以走近五代南汉，去触摸一千多年前的那一段历史真实。

At the dawn of the 10th century, the war-ridden Tang dynasty existed actually in name only. In 907, Zhu Quanzhong abolished Emperor Ai of Tang dynasty and established the independent country of Liang, historically known as Later Liang. The dynasties of Later Tang, Later Jin, Later Han as well as Later Zhou also established their powers successively in the central China, surrounded by ten local regimes in peripheral regions including Wu, Southern Tang, Former Shu, Later Shu, Southern Han, Chu, Wu Yue, Min, Southern Ping and Northern Han. Together these powers and regimes formed the political landscape known as "Five Dynasties and Ten Kingdoms".

Southern Han is one of the Ten Kingdoms. In 917, Liu Yan proclaimed himself a king in Guangzhou and started his reign built on the efforts of his father and brother, later historically known as Southern Han. Since the foundation by Emperor Liu Yan to the surrender of the last emperor Liu Chang to the Song dynasty, the Southern Han lasted a total of 55 years.

The history of Southern Han is misty. Fortunately, archaeological relics and cultural relics have recorded several historical and cultural scenes of Southern Han, allowing us to get closer to the history of Southern Han and touch the historical truth more than a thousand years ago.

第一部分　岭南大汉国
The Great Han Kingdom in Lingnan

　　刘氏建立的南汉政权初期对外睦邻交好，对内任用士人，推崇佛教和道教，发展农业、手工业和商业，海外贸易持续不衰，对岭南地区的发展产生了深远影响。后期国势日微，971年被宋所灭。

雄踞岭海

　　唐代末年，刘氏一族从封州（今广东封开一带）起家，逐渐确立在岭南的统治地位。917 年，刘岩称帝，建立南汉国。中宗刘晟时，南汉从马楚夺回岭南北部地区。971 年，后主刘鋹投降宋朝，南汉自此灭亡。

南汉世系表

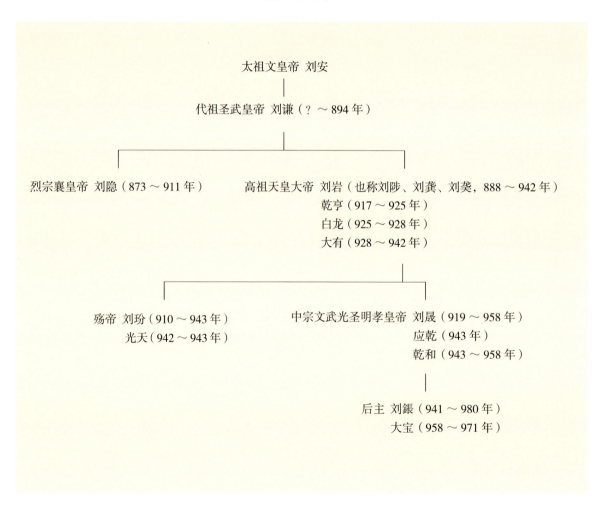

太祖文皇帝 刘安

代祖圣武皇帝 刘谦（？～894 年）

烈宗襄皇帝 刘隐（873～911 年）

高祖天皇大帝 刘岩（也称刘陟、刘龚、刘䶮，888～942 年）
乾亨（917～925 年）
白龙（925～928 年）
大有（928～942 年）

殇帝 刘玢（910～943 年）
光天（942～943 年）

中宗文武光圣明孝皇帝 刘晟（919～958 年）
应乾（943 年）
乾和（943～958 年）

后主 刘鋹（941～980 年）
大宝（958～971 年）

称帝立国

刘隐逝世后，其弟刘岩继任清海军节度使，逐渐巩固和扩大在岭南地区的统治。917 年，刘岩自立称帝，国号"大越"，改元"乾亨"，次年改国号为"汉"，史称"南汉"。南汉立国后，对外与楚、闽、大长和国（今云南地区）等周边政权联姻交好，对内开科取士，倚重士人集团的辅佐，保持了岭南地区整体的和平安定。

高 155.0，宽 97.0 厘米

1965 年福建福州市郊莲花峰五代闽国刘华墓出土。刘华（896～930 年），为"南平王"刘隐次女，918 年嫁与闽王审知次子王延钧（即王鏻）。墓志记述了刘氏家族世系延续和封州起家的史实。

唐故燕国明惠夫人墓志

唐故燕国明惠夫人墓志并序

闽王夫人，我燕国明惠夫人也，开府仪同三司、检校太师、守中书令、福州大都督府长史，承制检校尚书左仆射兼御史大夫，赐紫金鱼袋王（延钧）之妻也。

昔周美后股肱之彦，示无孑之藏，今燕国明惠夫人，为封国之宝祥，作人伦之具美，独燕国明惠夫人焉。

夫人讳华，字德秀，其先世居彭城，消平晋祥中兴，百官南迁，遂渡江一派，而家於五羊。今封州贺水人也。其始则南中，揖襄三徽；其终则霸倍冯傅，揆近事密，方为封州刺史，继有恩荣而袭赠焉。祖讳谦，字内光，卓荦伟才，经纶伟望，龙纪中，自青衙将节度行军司马，大府摄公襄疾之际，委以兵马留后，遭表上闻，後加中书令，兼封南平王。

父讳隐，字大雅，储休豆种而祥敏，峻节可以厉松筠，好仇合於周诗，其系可以输五权。初则襁褓而仕为冯蹈视民间，仙事中规，后乃燕白裕而伏寿敏，分湘化之青士，夫人岁氏之所生也。福裕之晦，佛典常观，疑事兼承，远视坤能，众瑞辐凑，星辰辉逵，蕴辅星昴，早继维马，豫显鹰搏。

夫人艺宿渊精，佛典常观，仙事中规，今燕国明惠夫人即故南平王之仲女，太夫人严氏之所生也。福裕

今嗣辅兹一事，嫣然如画，出具顓繁，闽王以龙钩约念，於伯叔而唯恭唯敏，可以愉五权之古维帝心。年二十有二，适于闽琅王氏闽国，即闽忠懿王之令嗣也。闽王以龙骁约念。好仇合於周诗，可以混羹斯之嫁事，可以理冠帝姿。

受禅闢闻大事，缭绵而驹骄星昴，星辰辉逵，蕴辅星昴，早继维马，豫显鹰搏。

衣冠不素，樑梁之风，疑辇奉留，佛典常观，仙事中规，今有属故多代，绍俊员规，为封国之器荐，妙为独编。

威武即，我燕国明惠夫人之彰城刘氏墓构焉。

威武军节度掌记，检校兵部郎中，赐紫金鱼袋王依善并篆额，即载燕封焉。

威武军节度掌记，检校兵部郎中，赐紫金鱼袋王依善并篆额。

铭曰：

三才具陈，诚有斯於音者，敬为铭曰：

后梁吴存锷墓志拓片

Epitaph of *Wu Cun'e of the Later Liang Dynasty*

广州博物馆藏

高 59.0，宽 40.0 厘米

墓主吴存锷，农于后梁贞明三年（917年，即南汉乾亨元年）四月二十六日。吴存锷历经晚唐、后梁、南汉三朝，墓志中"刘太师""南海王"指刘隐，"南越王"指刘岩，涉及改元乾亨等一系列史实。

纵章进大阿松璨。

梁故朝南东道、清海军随使、元从都押衙、金紫光禄大夫、检校司空、前侍持莭瀧州诸军事守瀧州刺史、衡海大夫、上柱国吴公志铭并序。

夫道莫三才，人居中焉，遂有豪岳英灵之粹；叶熊照卜事之祥；今於公而目见之矣。公讳存锷，字利福，本正扶於奏莽，世瞻於轩荣。关以异班，或凤翔而接职。治乎孝昌嗣胤，不绝簪裾，遂辞北京，遄兹南海。高前讳戴，考讳昌璨，皇前守左武衡长史，曾祖讳曰璨，皇前凤翔府度左押衙，右威衡将军，多曹参，覆惟子曹，绵缕玄典，洞诲玄奥，博罐典章，以为时人。时有默识者曰："此乃非凡，克习令孝。"遂要立左武衡参军之长子也。公即象军之长子也。幼训服先训，克习令孝，能武能文，年六弱冠，带言曰："我循阁家纂，屡详祖先，俱列昌纂，怅忠惟孝，于焉何晚？"禆於其时，乃循朝朝中和之三载，共车，前度使朝尚书值事幸于泥昱时地，乃循朝朝中和之三载。西蜀，因遭公入奏，以公勤务，复进数级，接换廉中侍衔史，遂能纪之元载也，亦连数载，加衡御史中丞，景福，光启，天德，大顺之藏，公莅奉莭钺，莭劝有礼，接换照中丞，景福，光启，天德，大顺之藏，公莅奉莭钺，莭劝有礼，不帝四五阶也。于焉景福三载，萧公属窗江，持委奏报之任，不萏前务，镇塑太师阁公强莁，屡毁瞳衞，萧公属窗江，持委奏报之任，不萏前务。

益申精至，遂敷於彙，光化，天使之际，公由贺江从前度司马，守勤州刺史，遂陟遐随使押衙，仍上都招莭使，时闲平元年，又加赠平元年，又加赠。

到阙恩旨加衞御史大夫，守勤州司马，其年加兵部尚书。淯梁朝新事，公详明政事，招莁於瀧州里，防治之邦，民俗莘莘岁，杂累伏刺墅而学归雨也。於是瀧王重公为有勤绩，由是缑及郡藏，宛然瀧州。

攘祥之俗，至于乾化元年也，又奉莭度使南海王重刻而牖镇忠，思公眷勤，乃署元旧前度押衙，多崇莁进奉，至员明三年丁丑藏，梁朝刻以公为主瀧军府，奉守瀧州刺史，本府前度使南海王统军府。

奈何修莒之口理口难明，公娶于瀧府故里，长子于延彙，女子千子。公娶于彙氏，有二女，各名的娘。秋六十九，属十月十五日彙自京瀧于瀧府故里，长子于延彙，女子千子。

君；长子彙鲁，充务省军彙掃，次子彙氏，各名的娘。次名小朋，唯一女娘珠口口于陈氏，地名大木尚。次名小朋，唯一女娘珠口口于陈氏，地名大木尚。

元年丁丑藏九月，地名于南海县，终莁之日，凡属知己及其亲衙，无不哀衞也，乃以其年十一月一日庆号，乾亨义，内睦围圈，外物名罄，终莁之日，凡属知己及其亲衙，无不哀衞也。

松谨以非才，温雷教勤，搔揚不盡，愧颜问言。铭曰：
乾坤覆物，英特立勤，率民治俗，匡国辅君。
福福密涧，幽颢鞋明，归于厚地，求卜佳城，其二。

封州起家

唐末，刘谦与望族韦氏联姻，又因镇压动乱有功，获任封州刺史。其子刘隐继任封州刺史后，通过进贡唐朝和后梁来巩固自身的地位，获任清海军节度使，被封南海王，确立了刘氏家族对岭南地区的实际统治，为后来南汉立国奠定了基础。

唐漢韶風 大宋新修南海广利王庙之碑拓片
Stele for South Sea God *Guangli* King by Song Dynasty

广州市黄埔区博物馆（南海神庙）藏
高 248.0、宽 158.0 厘米

宋开宝六年（973 年）立，裴丽泽撰写，韩溥书。碑文记述了 971 年末宋兵南下灭南汉，并在广州首设市舶司等重要史实。

山南西道節度掌書記將仕郎守右補闕柱國賜緋魚袋臣[illegible]
朝議郎行監察御史權知端州軍事臣[illegible]奉勅[illegible]
能善其下故百川委輸歸往焉亦猶山不自高衆塵由是歸矣海[illegible]
以四表分而言之謂之四海以大瀛總而言之謂之稱海其實一[illegible]
生於波宸蘭桂蘂乎洲上其或天吳息浪靈胥退濤彼俗乃獨[illegible]
海沿于江達于淮逾于洛至於南河故礪砥砮[illegible]羽毛國寶[illegible]
唐將季也中朝多故戎馬生郊寇號假名憑深恃險五嶺外郡[illegible]
終否否極必泰故
邪光被四表率土之內無遠弗屆金狄十二鄰秦帝咸[illegible]四[illegible]
陬獨迷聲教阻絕我琛賮闕我生民沴為淵刑濫行不道遂[illegible]
明尚有征於丹浦弔民問罪何得行之遂乃宣於上兵鑿門命將
駟繼至朔日韶廣之壘今已平矣舉魁之為[illegible]天下郡[illegible]
王與官屬獻于
商颷之殞槁葉奚如是之易也[illegible]非
聖謨睿略之感應曷能平[illegible]矣[illegible]其標其銅柱得馬援於漢壇
歸者咸使歸之污俗澄而自清亂法邪而復正化獷土為王土[illegible]
其土地可使視其[illegible]俾重崇[illegible]爲[illegible]中使往[illegible]其事告
酒一奠而海若[illegible]淪祥風[illegible]人[illegible]舞山[illegible]若來朝於百神樂并奏
在林麓以之森聳山川謂之清明[illegible]天無親惟德是輔陰靈
夷謝惠連空陳於讚詠式揚巨德[illegible]樹豐碑慶奉
極覽滄瀛　渺覿洪浪　鳳翔[illegible]
滉瀁漾漾　汪汪洋洋　源流
仁惟利涉　道乃靈長
惟神正直　克饗馨香
千年萬禩　永享蒸嘗
開寶六年太歲癸酉十月九日[illegible]書

大宋新修南海廣利王廟之碑

大宋新修南海廣利王廟碑銘并序

山南西道節度隨軍書記、將仕郎、守右補闕、柱國、賜緋魚袋臣韓溥奉勑撰。

朝議郎、行監察御史、權知端州軍州事臣溥奉勑撰。

臣聞海外廣南道行營招討都部署潘美陳潘露布，佇僞廣主與官屬獻地之壃，今已平矣。渠魁之屬，悉以擒矣。下郡百餘所，拓土千萬里，沿海舊地，盡為我有。未嘗日，夫高屋建瓴，下坂走丸，飛鴻之縱順風，商颷之飄槁葉，曷能平干闕下。若非我應天廣聖文廣運聖文神武明道至德仁孝皇帝謨略之感，奚如是之易也？豈直摽表為百谷王者，天下為公。緊對他言略以長縷，驅對他獻於魏闕；盪矣？

既而海外有銅柱，倂馬援分於漢壤；未若夫以長縷，驅對他釋矣。變民流人熙熙，咸使歸之。污俗濁而自清，亂法邪而復正。化獷土為樂土，變梟民作梟民，眾人熙熙，沐皇風如飲醇醴，睹聖政若帝大年。上曰："彼既蘇，彼俗既化，廣利王之廟自阻隔兩口永，寂寥莫睹，今既俾其土地，可使視其廟貌，俾重崇事焉。"乃命中使住祗其事告帝王之旨，敘兒復之意。頻召漢洛者，鑒脊具陳，酒一奠而海若滿溢，祥風襲人，縹緲山轉，若來朝於百神；樂舞奏而大鏊溟口（溟?），炎精不亮，浪怒波洶，如恭聽帝明命。似律召呂，疑合應聲；影象相傳，吟口如在，有感必通。詎非鑾清濬哲之君，孰口靈長之德。皇天無親，惟德是輔；陰陟不昧，休戚文止求於誠詞，乃重揚清淑濬灝，謝鑾連空陳於讚詠，式揚巨懿，宜直揚揚瀾灝漫，度奉繕言，謹為銘曰：

無累東嶠，朱陵南望，極覽滄溟，渺觀洪浪。
鳳麟鎮其西，炎炎洲其上。迴沐萬里，堆疊千嶂。
泥泥漾漾，汪汪洋洋。源流地紀，派引天潢。
限六變於外服，通七郡以來王。仁被利涉，道乃靈長。
我后膺聖，載懷洪荒。惟神正直，惟侯之波弗口。
靈貺之濟匪怒，陽侯之波弗口。
善誓其德，既濟其航。千年萬穟，永享烝嘗。

開寶六年大歲癸酉十月九日己丑書建。

臣聞海外廣南道所以能為百谷王者，以其善下故也，能善其下，變以崇其萬刃，不自貴大，海不善下故也，是知不積眾為，無以崇其萬刃，以大瀛總而言之，其實一也。炎流四溪，則海也。以四夷分而言之，謂之四海；以大瀛總而言之，其實一也。炎流四溪，則海也。

洪濤瀾漫，萬里無際，鳳潮洶濤，浴日浮天，午合乍散，珊瑚生於波底，蘭桂森乎洲上。其或天吳恙浪，靈頃之沙，任住天郊，至於南河，貢象牽蠻，揀金拾翠，入千重之水，皆自海淞于江，逶于淮，彼之晏服，戎馬生郊，包羅茅菁，闕供於王祭矣。

底貢無虛歲矣。唐天寶十載，封為廣利王，享以冕組，每歲春秋致獻，略與劉氏所據，殆七十年。故元漁現現，庇五嶺外郡遂為劉氏所據，殆七十年。故元漁現現，何眼溝祀續遺耶？嗚乎！物不終否，否極必泰。故我今皇帝受上玄之命，副秦帝下土之民，協和四表，光被四表，率土之內，無遠弗居。金狄十二，威於四夷；黃龍一雙，約馬亦萬里。故望雲馳素，向日傾心，納貢委贄馳街者日有所至，史不絕書。遂叙人怨神愁，阻絕我珠璣，割剝我生民，怎為淫刑，遂不軌不道。蠆蝱炎疠，眾叛親離，民懷後之心，俗習後子之慾。是則軒黃神聖，猶叙歐歌於叛矣，帝堯聰明，尚有征於共井浦。吊民問罪，可得行之。遂乃宜社出兵，繫門鈴將，王師才舉，如時雨之降，若大旆之征，則曰：詔寶遍海岱而曾匪崇朝，渡南溟而止期一息。圓月未虧，馳即繼至，

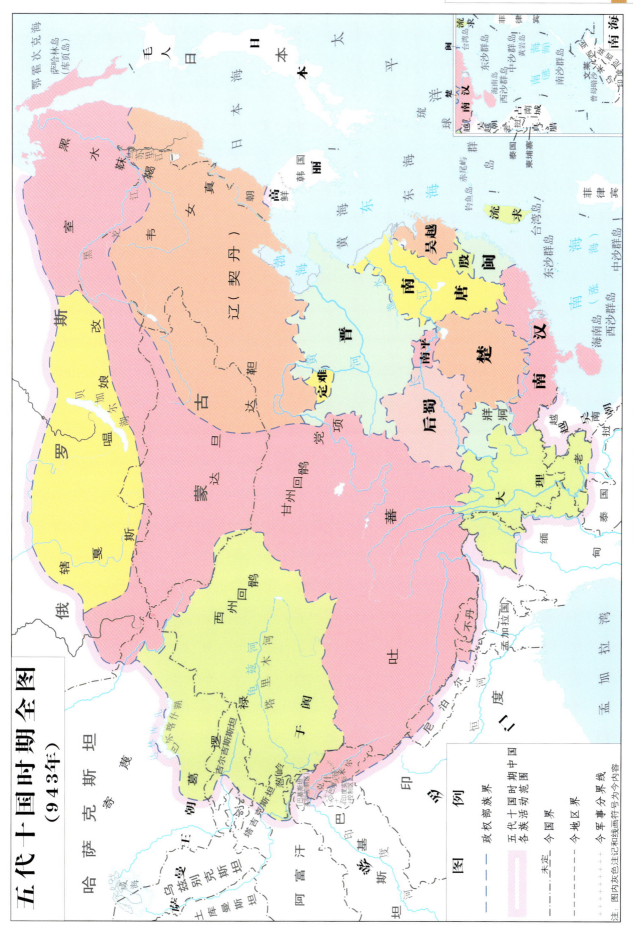

五代十国时期全图（943年）

拓疆中兴

中宗刘晟时期，北边的马楚内乱不断，南汉趁南唐出兵灭楚之际，掠得马楚所辖的岭南诸州及郴州地区，将南汉疆域首次拓至五岭以北。但刘晟为巩固帝位杀戮宗室群臣，多任用宦官和宫人，其统治后期南汉国力走向衰落。

贺州南连西江，北控潇水，是中原进入岭南的咽喉之地，具有十分重要的战略意义。乾和六年（948 年），中宗刘晟遣吴怀恩与楚军交战，攻下贺州。此后，又接连夺取桂州（今广西桂林）、连州（今广东连州）、宜州（今广西宜州）、严州（今广西来宾）、梧州（今广西梧州）、蒙州（今广西蒙山），尽有岭南之地。

贺州临贺故城

贺州临贺故城南汉城墙花纹砖

马殷庙

位于广西富川瑶族自治县朝东镇福溪村，包括马楚大王庙、马楚都督庙和钟灵风雨桥，用于祭祀五代十国时期楚国国王马殷。

马楚大王庙

始建于明洪武二十五年（1392年），由主殿、附殿、戏台组成，用于供奉马殷称王时的文官像。

马楚都督庙

马楚都督庙始建于明永乐十一年（1413年），庙内百柱林直，俗称百柱庙，用于供奉马殷任都督时的武官像。

重归一统

960年，后周大将赵匡胤称帝建立宋朝，随后发兵南下，相继灭南平、后蜀等国，从西面和北面直逼南汉。此时的南汉国内，宦官擅权，民怨载道。971年，潘美率宋军攻下南汉都城，刘鋹降宋，南汉灭亡。

广州白云山牛岭钟轼家族墓

从化太平镇屈洞村钟轼墓

　　钟轼（生卒年不详），原籍河南开封。北宋开宝三年（970年）随潘美南征，次年南汉灭亡后任防御使留守广州，晚年定居在番禺龙腾里（今从化太平镇屈洞村）。现白云山有钟轼家族墓，从化太平镇屈洞村有钟轼墓和防御使钟公祠。

防御使钟公祠

位于从化太平镇屈洞村。始建于北宋，原名钟氏祖祠，是钟轼建来缅怀祖宗的祠堂。钟氏后裔分别于明代和清康熙五十八年（1719年）重建，为纪念钟轼改名"防御使钟公祠"。

岭外避地

唐末五代的岭南地区为乱世中的乐土。南汉立国后，招贤纳士，开举办学，崇佛尚道，发展农业与手工业，社会稳定，经济富足，文风炽盛。

招贤纳士

南汉政权承袭唐代制度，立学校、置贡举，推动了岭南文风的兴盛。南汉士人在历法、诗赋等文化领域，都有所建树。

简文会（生卒年不详），广东南海人，南汉高祖刘岩时期状元，官至尚书右丞，刘晟时因进谏被贬为祯州（今广东惠州、海丰、河源一带）刺史。

简文会墓
位于广州市白云区太和镇白云村金钗岭。

状元井
位于佛山市禅城区黎涌村，据传曾为简文会所使用，被人称为"状元井"。

（清）四库全书版王定保《唐摭言》

王定保（870～954年），江西南昌人，唐光化三年（900年）中进士第，官至南汉中书侍郎、同平章事。著有《唐摭言》，记述了唐代科举制度及诗人文士的遗闻轶事。

（清）董诰《全唐文》中的梁嵩《代母作倚门望子赋》

梁嵩（生卒年不详），广西平南人。南汉高祖刘岩时期状元，恩授翰林学士。善诗文，著有《代母作倚门望子赋》《赋荔枝诗》等。

（清）王士禛编《五代诗话》中的黄损诗句

黄损（生卒年不详），广东连州人，为南汉尚书左仆射。善写诗，著有"桂香集"，与郑谷、齐己等共定诗歌用韵为葫芦、辘轳、进退等格，为宋代杨万里、陆游等诗人所用。

 **青瓷多足砚**

Celadon Inkstone with Multiple Legs

2011 年越秀区中山四路东山印象台工地出土

高 7.0、口径 26.5、底径 29.0 厘米

砚面凸起，砚面与砚壁之间形成一圈环形砚池，便于贮墨，砚足一般为蹄形、水滴形或圈足，多为陶瓷质。因形制类似古代的天子学堂——辟雍，因此又被称为辟雍砚。

青瓷研石

Celadon Ink Grinder

2004 年东山区中山二路广州市第十六中学工地出土

高 3.3、直径 3.2 厘米

瓷质，与砚台配套使用。将墨丸放入砚中加水，用研石磨成墨汁使用。

 箕形石砚
Inkstone

2012 年越秀区惠福西路南粤先贤馆工地出土
高 3.0、长 11.7、宽 8.6 厘米

砚堂成斜坡状，浅平处用于研墨，较深处用于储墨。砚底有两足，宋代米芾的《砚史》中称为凤足。因形似日常生活中的簸箕而得名箕形砚。

 **风字形石砚**
Inkstone

2012 年番禺区小谷围岛昌华苑遗址出土
残长 8.5、宽 6.8、厚 0.3～1.2 厘米

因形似"风"字而得名。两宋时期，砚石因为耐用而成为砚台的主要材料，其开采也增多，成为了砚台材质的主流。

 陶三足炉

Three-Legged Pottery Stove

2012 年越秀区惠福西路南粤先贤馆工地出土

通高 16.4、耳高 4.4、口径 22.3 厘米

下附三扁足，器体厚重，沿上有三立耳。腹有蒂叶形和三角形镂孔，腹部阴刻几何纹，耳上划阴线叶脉纹。形如唐陆羽《茶经》中记载的风炉，南宋陆游《山家》中有诗句"篝火风炉自试茶"。

狻猊香炉盖

Suanni Censer Cover

2012 年越秀区惠福西路南粤先贤馆工地出土

通高 14.3、盖口径 11.5 厘米

顶部有一狻猊，形如狮子，喜烟好坐，所以形象一般出现在香炉上。狻猊香炉是古代流行的一种香炉样式，五代和凝《宫词》中有"狻猊轻喷瑞烟迷"的词句。

 青瓷盏（带托）
Celadon Cup (with Holder)

2012 年番禺区小谷围岛昌华苑遗址出土
通高 6.4、口径 8.8 厘米

青瓷盏托
Celadon Cup Holder

2007 年越秀区东风东路中山大学附属肿瘤医院工地出土

高 4.0、口径 14.2、足径 6.1 厘米

用于托茶盏，防烫手。

崇佛尚道

南汉统治者崇信佛道，兴建了众多寺院道观，例如在广州城周围仿天上星宿兴修了二十八寺供养僧侣，修建佛刹石室，铸造铁塔、铜钟和经幢，以此作为祈福与接受感应的途径。对后世具有深刻影响的云门宗在南汉时期创立，以韶州（今广东韶关）云门寺作为祖庭，发展成佛教禅宗的一大支派。广东的碧落洞、罗浮山、广西的都峤山等洞天福地则是道事兴盛的场所。

光孝寺大雄宝殿

光孝寺

位于今广州越秀区光孝路109号，以历史悠久、规模宏伟被誉为岭南佛教丛林之冠。南汉时称乾亨寺，寺内留存有南汉时期的东、西铁塔，其中东铁塔是南汉后主刘鋹在大宝十年（967年）敕制，是我国现存最早的大型铁塔。

光孝寺《今志全图》

玉清宮使、德陵使、龍德宮使、開府儀同三司、行內侍監、上柱國龔澄樞同女弟子鄧氏三十二娘，以大寶六年歲次癸亥五月壬子朔十七日戊辰鑄造，永充供養。入緣弟子、內給事都監、韶州梁延鄂

三层

二层

卢遮郍佛　　　　　牟尼佛　　　　　卢舍郍佛　　　　　毗舍浮佛

一层

释迦佛　　　　　弥勒佛　　　　　弥陀佛　　　　　药师佛

西铁塔局部

注：一层、二层佛名参考佛像侧面榜题及《南汉金石志》，三层无榜题。

 西铁塔

The West Iron Pagoda of *Guangxiao* Temple

广州光孝寺藏

残高 310.0、底座宽 173.0 厘米

南汉大宝六年（963 年）铸造，龚澄枢和邓氏三十二娘捐铸。铁塔上部已毁，现仅存底座以上三层。底座为四力士托塔。塔身每面正中铸一大龛，其内供奉释迦佛、弥勒佛、弥陀佛、药师佛等。塔檐装饰飞天和飞鸟形象。

 东铁塔

The East Iron Pagoda of *Guangxiao* Temple

广州光孝寺藏

高 769.0、底座宽 135.0 厘米

铭文称"千佛宝塔"，南汉大宝十年（967 年）后主刘鋹敕制，
四角七层。底座四周有精美的"双龙戏珠"图案，塔檐装饰有飞天、
双龙和双凤形象，塔顶为葫芦形宝珠。

大漢皇帝以大寶十年丁（卯）歲勑有司用烏金鑄造千佛寶塔壹所，七層并相（輪）蓮花，座高二丈二尺，保龍（躬）有慶，祈鳳曆無疆。萬方咸使於清平，八表永承於交泰。然後善資三有，福被四恩。以四（月）軋德節設齋慶讚謹記。

內殿大僧録、教中大法師、金□□□□、檢校工部尚書、曉真大師、沙門臣□

教中大法師、內供奉講經首座、金□□□□夫、檢校工部尚書、寶法大師、沙門□□

教中大法師、內諸寺院□論首座、金紫□□大夫、檢校工部尚書樂□大師、沙門臣□

教中大法師、□□□□□□、金紫□□□夫、檢校工□尚□、□□□□、沙門臣

东铁塔局部

南华寺千佛铁塔
Iron Pagoda of *Nanhua* Temple

韶关市南华寺藏

通高 510.0、底座宽 161.0 厘米

又称降龙铁塔，为四角五级仿楼角
式铁塔，现存南汉年间莲花塔座，
塔身为清雍正五年（1727 年）在
佛山重新铸造。

修慧寺千佛铁塔
Iron Pagoda of *Xiuhui* Temple

梅州市千佛塔寺藏

通高 420.0、底座宽 160.0 厘米

南汉大宝八年（965 年）铸造，原
位于敬州（现梅州）修慧寺。清代
黄遵宪、丘逢甲作有千佛塔歌记。
现今的千佛铁塔共 7 层，但只有第
五层为南汉时期原物，第一层为补
缺铸造，其余各层及塔刹均是 20
世纪 90 年代初新铸件。

　　敬勸眾緣，以烏金鑄造千佛塔七
層於敬州修慧寺，制塔亭，供養虔，
（緊歸善土，望）皇躬玉曆千春，瑤
圖萬歲。然願郡壇（□□，□□）康平，
禾麦豐饒，軍民寧（□，□）雨順調，
（□境歌詠。□□□□）方隅，次以
九宥三（塗，□□□）樂，亡魂滯魄，
咸證人（天。□□）周圍，常隆瞻敬。
以大寶（八年）乙丑歲大呂之月，設
齋慶（贊）。

宝光寺遗址

　　位于今广州芳村大道恒荔湾畔小区。宝光寺筑于南汉时期，是南汉广州城南七寺之首，宋称"大通寺"，"大通烟雨"在宋元时期被列为"羊城八景"之一。此寺于明代毁于火灾。2004年8月，为配合广州旧城改造工程对该遗址进行了抢救性考古发掘，揭露出一组南汉时期排列有序的磉墩遗迹，出土有青釉碗碟、香炉、"乾亨重宝"铅钱等文物。

T1 中部卵石墙分布情形

T1、T6、T7、T8 磉墩分布情形

 双凤纹瓦当

Tile End with Double Phoenixes Pattern

2004 年芳村区芳村大道恒荔湾畔工地出土

直径 13.7、厚 1.2 厘米

 双凤纹瓦当

Tile End with Double Phoenixes Pattern

2004 年芳村区芳村大道恒荔湾畔工地出土

直径 13.6、厚 1.0 厘米

**双唇板瓦**

Flat Tile with Two Lips

2004 年芳村区芳村大道恒荔湾畔工地出土
宽 30.0、残长 27.0、厚 1.5 厘米

　青釉滴水瓦

Green-Glazed Tile for Water Drop

2004 年芳村区芳村大道恒荔湾畔工地出土

残宽 17.8、残长 11.1、厚 1.2 厘米

H6 全景

东风中路唐五代建筑遗址

　　位于越秀区东风中路与仓边路交汇处，地处南汉兴王府东北位置。2012年发掘，唐代晚期至南汉时期遗迹分布范围不少于600平方米，基址面上发现有两个长宽1米左右的方形磉墩，间隔约3米。在一北宋时期的灰坑中出土有南汉时期的陶莲花瓣器座、青瓷熏炉盖等器物，形体大、制作精美，规格甚高，疑为皇家寺院用品。

东风中路发现的唐五代建筑遗址

 莲瓣纹陶器座

Pottery Base with Lotus Petal Design

2012 年越秀区东风中路唐五代建筑遗址出土

高 60.0、口径 25.6 厘米

底座内部中空，支撑器物放置。

青瓷熏炉盖

Celadon Censer Cover

2012 年越秀区东风中路唐五代建筑遗址出土

高 31.0、直径 29.2 厘米

顶心为宝珠顶，盖面内圈为镂空缠枝花草纹，外圈为镂空格栅纹。镂孔也是出烟孔。可用以佛寺内熏香，使衣物、身体染香，并驱赶蚊虫。

麓湖路南方电视台建筑遗址

位于东山区麓湖路南方电视台，2004年发掘。发现的南汉—北宋时期的建筑基址有庭院、廊道、散水、房基和隔墙。基址上部的废弃堆积中出土大量莲花瓦当，还有鸱吻和鬼脸瓦等。初步判断该建筑始建于南汉，北宋时期进行重修，建筑规格较高。基址附近的一个灰坑出土大量生活用品，有青釉碗、青釉碟、宽沿夹砂黑陶釜、青釉执壶，以及南汉"乾亨重宝"铅钱，坑内还出土一件青铜铸像。根据出土遗物、建筑规格和地望判断，可能与兴王府"北七寺"之一的甘泉寺有关。

麓湖路南方电视台工地发现的南汉建筑基址

麓湖路南方电视台南汉建筑基址全景

青铜造像

Bronze Figurine of A Standing Person

2004 年东山区麓湖路南方电视台工地出土
高 11.3、宽 2.5 厘米

器身扁平，喇叭状底座。尖状背光，上阴刻有纹饰。铸像上
身袒露，佩戴璎珞，下身着裙，右手下垂，左手向上，手臂
上缠绕披帛从手臂外侧垂下，形似菩萨或力士。

西华寺

位于佛山市南海区里水镇西华村。当地有"先有西华，后有南华"之说。文献有载，其始建于南汉大宝元年（958年）。2007年10月～2008年3月，广东省文物考古研究所进行了考古发掘，出土了很多重要的文物和建筑遗迹，尤其以南汉时期的遗存为主，包括大型柱础、兽面纹、莲花纹与"千秋万□"瓦当等，还有一块铭刻"玉清宫使""德陵使"等字样的残碑和三块刻有"王"字的龙头瓦当。西华寺疑为二十八寺中的西七寺之一。

南汉"王"字兽面瓦当　　　南汉"玉清宫使"、　　　南汉铭纹砖
　　　　　　　　　　　　　"德陵使"残碑

南汉建筑遗址

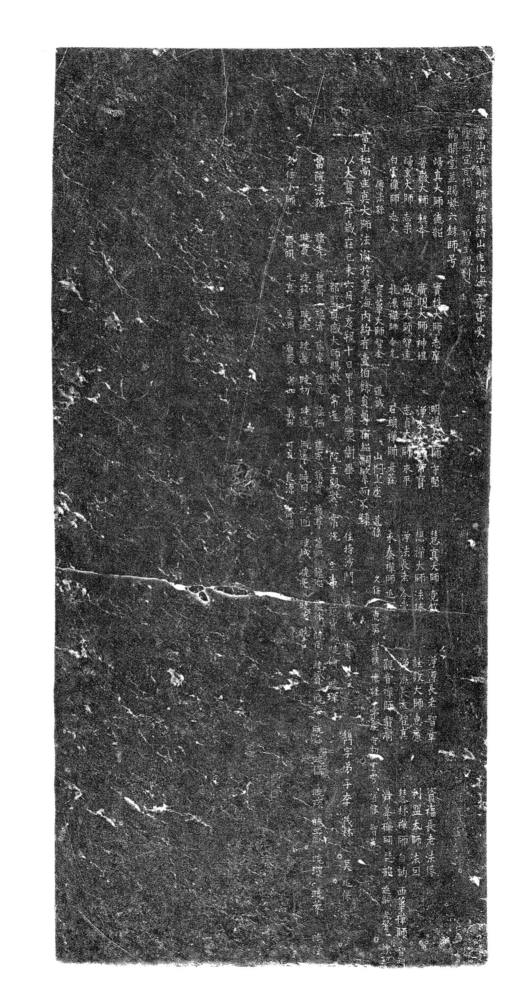

當山法孫小師各題諸山連化海藥皆受
恩旨宣付
所管轄
御開壹並賜與六銖師号

歸真大師德韶　　賓傳大師志庠　　明鑑大師守堅　　慧真大師竟敘
普敬大師契幸　　廣眼大師神坦　　淨本禪師常寶　　想禪大師惠慶
崌玄大師志榮　　威禪大師智遠　　志貞大師永平　　淨法長老冬寧
向巖禪師志文　　扎源禪師念允

傳法孫　　　　　賓藥大師智全　　　　　　　　　　　永泰禪師延...
　　　　　　　　道藏　　　　　　　　　　　　　　　觀音禪師慧瀾
　　　　　　　　山州上座道後　　　　　　　　　　　慧林禪師自訥　西巖禪師
當山和尚連真大師法派於業海內約有壹佰陸員曁有絲絇繁衍而不緣
以大資二年歲在己未六月乙亥朔十日甲申奏蒙樹塋　　　　　　　　住持沙門
都下賓咸大師賜戒常連　　　　　　　　　　　　　　　　資福長老智草
　　　　　　　　　　　　院主賜紫常院　　　　　　　　詮笑大師惠慶
當院法孫　　　　　　　　　　　　　　　　　　　　　利盟太師法回
　　　　　　　　　　　　　　　　　　　　　　　　　門宇弟子李　茂林　吳延條

　　　　　　　　　　　　　　　　　　　　　　　　　　　　　暁瑔
　　　　　　　　　　　　　　　　　　　　　　　　　院念　暁偉　暁滇　暁巖

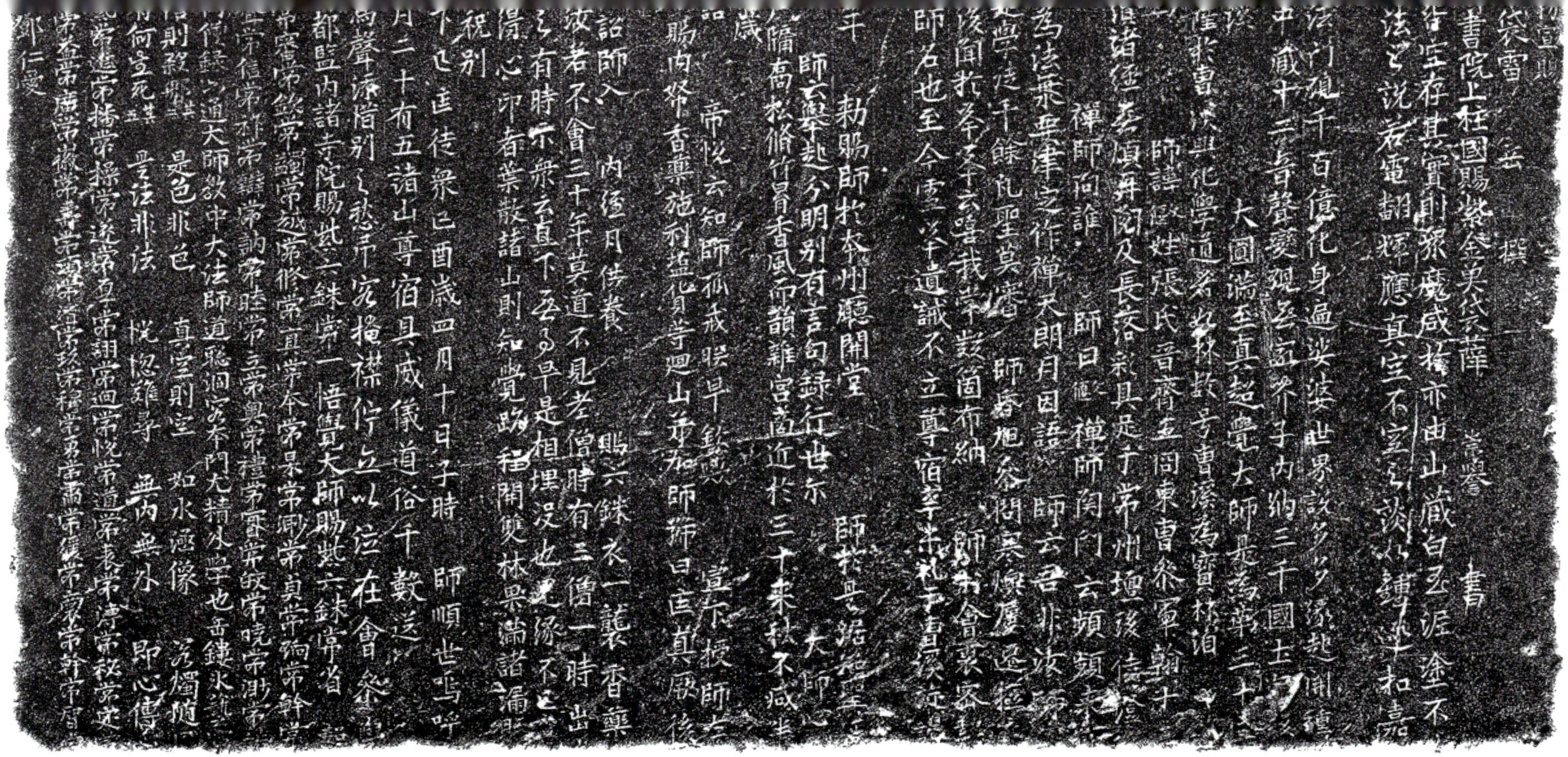

大汉韶州云门山光泰禅院故匡真大师实性碑

Stone Tablet of Master *Kuangzhen* of *Guangtai* Buddhist Hall of Yunmen Mountain

韶关云门寺藏

高 240.0、宽 110.0 厘米

南汉大宝元年（958 年）富岳撰。记述了文偃大师创建云门宗，南汉高祖刘岩赐岩额"光泰禅院"，赐文偃禅师加号"匡真"，中宗刘晟勅赐赐塔额"宝光之塔""瑞云之院"等史实。

大漢韶州雲門山光泰禪院故匡真大師實性碑并序

其本歲在重光大淵獻正陽月二十有九，在武德殿進呈奉勑宣賜。

內門使、監集賢殿御書院給事郎、守內侍省內常侍、上柱國、賜紫金魚袋雷岳撰。

內五金使、充北司都錄事、銀青光祿大夫、行內侍省內常侍、監集賢殿御書院、上柱國、賜紫金魚袋薛崇譽書。

祥夫水月定形，覺浮生之可幻，火蓮發豔，知實性之宜修。故妙果圓明，寂爾而不生不滅；真如常住，湛然而無去無來。袪其華則是色皆空，存其實則眾魔咸折。亦由山藏白玉，泥塗不（能）汚其珍；沼出青蓮，塵垢不能染其質者也。則故匡真大師業傳西會，性達南宗。戒珠朗而慧日融光，覺海揚而慈林普潤。示非法無法之說，若電翻輝；應真空不空之談，如鍾逐扣。嘉（以）心唯清淨，道本慈悲，常挑智慧之燈，洞照昏衢之路。將俟化周有截，終期證彼無為。故我釋迦如來厭綺羅絲竹之音，痛生老病死之苦。踰金城而學道，依壇持以修真，六載成功，万法俱熟。為四十九年慈父，演八萬四千法門；現千百億化身，遍娑婆世界。說多多緣起，開種（種）道門。誓化迷倫，令超正覺。于岦求法寶者，是諸沙數。得道者於意云何，小則證須陁桓、斯陁舍，大則超阿羅漢、辟支佛。卷舒自在，蓮花中藏十二音聲；變現無窮，芥子內納三千國土。迨後（化）緣將畢，示滅雙林，即以法及衣傳于迦葉，葉傳阿難，難傳商那和修，修傳優波毱多。如此展轉相傳，俾令常住世不滅矣。洎至于曹侯溪，大圓滿至真超覺大師，是為第三十三（祖）。若祇認達磨禪師傳衣法至于曹溪，則中華推為第六祖也。故西來智藥三藏駐錫曹溪云：一百七十年後，當有無上法寶肉身菩薩於曹溪興化，學道者如林。故號曹溪為寶林。洎祖師成等正覺後，現有一百六十九負生身菩薩，遍在諸方行化，迨後得道者莫如其數，皆曹溪之裔也。故匡真大師又嗣於一葉焉。師諱文偃，姓張氏，晉齊王同東曹參軍翰十（三代）孫也。翰知世將泯，見機休祿，徙于江浙。故胤及我師，生於蘇州嘉興郡。師幼慕出塵，乃栖于嘉興空王寺志澄律師下為童，凡讀諸經無煩再閱。及長落彩，具足于常州壇。後侍澄（公講）數年，頃窮《四分》指歸。乃辭澄，謁睦州道蹤禪師，則黃蘗之派也。一室常闇，四壁唯空，或復接人，無窮佇思。師卷舒得志，徑往扣門，禪師問：「誰？」師曰：「文偃。」禪師闢門云：「頻頻來（作什）麼？」師云：「學人己事不明。」禪師云：「秦時輚轢鑽。」以手托出閉門。師因是發明。又經數載，禪師以心機秘密，關鑰彌堅，知師終為法海要津，定做禪天朗月。因語師云：「吾非汝師，（莫住）。」師遂入閩，纔登象骨，直奮鵬程。因造雪峯會，三礼欲施，雪峯乃云：「何得到詀麼？」師不移絲髮，重印全機，雖等截流，還同戴角。緣是學徒千餘，凡聖莫審。師昏旭參問，寒煥屢經。摳（衣惟）切於虛心，得果宜輸于實腹。因有僧問雪峯云：「如何是觸目不見道，運足焉知路？」峯云：「蒼天。」僧不明，問師，師曰：「兩斤麻，一段布。」僧後聞於峯，峯云：「噫。我常疑箇布納。」師於會裏密（契玄）機，因是出會，遍謁諸山尊宿。頗有言句，世所聞之。後雪峯遷化，學徒乃問峯：「佛法付誰？」峯云：「遇松偃處住。」學徒莫識其機。偃者，蓋師名也。至今雪峯遺誡，

不立尊宿。辛未，礼于曹溪，旋謁（靈）樹。故知聖大師以心機相露，膠漆契情。歲在丁丑，知聖一日召師及學徒曰：「吾若滅後，必遇無上人為吾茶毗。」至戊寅，高祖天皇大帝巡狩韶石，幸于靈樹。知聖遷化，果契前約。勑為爇之，獲舍利，塑形於方丈。于岦，詔師入見，特恩賜紫。次年，勑賜師於本州廳開堂，師於是踞聖（筵，說）雪峯法。實謂禪河洶湧，佛日輝華，道俗數千，問答響應。郡守何公希範禮足，曰：「弟子請益。」師云：「目前無異草。」有學人問：「如何是本來心？」師云：「舉起分明。」別有言句，錄行世尔。大師心（唯）恬默，奏乞移庵。勑允。癸未，領學者開雲門山，五載功成。四周雲合，殿宇之簷楹翼翥，房廊之高下鱗差。遠壑幽泉，挫暑月而寒生戶牖；喬松脩竹，冒香風而韻雜宮商。近於三十來秋，不減半（千）之眾。歲納他方之供，日豐香積之厨。有殊舍衛之城，何異靈山之會。院主師傳大德，表奏院畢。勑賜光泰禪院額及朱記。至壬戌歲，高祖天皇大帝詔師入闕，帝親問：「如何是禪？」師云：「聖人有問，臣僧有對。」帝曰：「作麼生對？」師云：「請陛下鑒臣前語。」帝悅云：「知師孤戒，朕有欽歟。」宣下授師左（右）街僧錄，師默而不對。復宣下，左右曰：「此師修行已知蹊径，應不樂榮祿。」乃詔曰：「放師歸山可乎。」師欣然，三呼萬歲。翊曰，賜內帑、香藥施利、塩貨等迴山，并加禪號曰匡真。厥後（每）年頻降頒宣，繁不盡紀。恭惟我當今大聖文武玄德大明至道大廣孝皇帝，歲在單闕，運聖謨而手平內難，奮神武而力建中興。恩拯八紘，道弘三教。乃詔師入內，經月供養。賜六銖衣一襲，香藥（施）利等而迴。并御製塔額，預賜為：寶光之塔，瑞雲之院。師自從示眾，卓尔宗風。凡在應機，實當奇特。常一時見眾集久，乃云：「汝若不會三十年，莫道不見老僧。」時有三僧一時出（來）礼足。師云：「三人一狀。」有問禪者，則云：「正好辯。」有道者，則云：「透出一字。」有問祖師意者，則云：「日裏看山。」有纔跨門者，則以杖打之。有時示眾云：「直下無事，早是相埋沒也。」迷緣不已，（豈是）徒然。略舉大經，將神往代。師以法無定相，學無准常，每修一忌齋，用酬二嗣譚。師一坐道場三十餘載，求法寶者雲來四表，得心印者葉散諸山，則知覺路程，開雙林果滿，諸漏（已盡），万法皆空。雖假臥漳，未少妨於參問。終云虛幻，乃示寂以韜光。侍者奉湯，師付盆子曰：「第一是吾便，第二是汝省便。紀取。」遺修表，祝別皇王。乃自扎遺誡曰：「吾滅後，汝等弗可敩俗教着孝服哭泣，喪車之礼，則違佛制，有紊禪宗也。」付法于白雲山實性大師志庠師會下，已匡徒眾。己酉歲四月十日子時，師順世。嗚呼！（慈）舟壞兮，輪迴失渡；法山摧兮，飛走何依。緇倫感朝蕣之悲，檀信動式薇之詠。宋宗遇處，但携隻履以無還；慈氏來時，應启三峯而再出。月二十有五，諸山尊宿具威儀，道俗千數，送師於浮圖，靈容如昔。依師訓，塔于當山方丈內。法齡七紀二，僧臘六旬六。于日，行雲歛態，瓏樹無春。覰嶽孤猿，啼帶助哀之苦；穿林幽鳥，聲添惜別之愁。吊客掩襟，佇立以泣。在會參（學）小師守堅，始終荷贊，洞契無為。門人淨本大師常寶等三十六人知事，皆深明佛性，雅得師宗也。在京弟子報恩寺內供奉悟明大師，都監內諸寺院、賜紫六珠，常一悟覺大師，賜紫六珠，常省超（悟）大師，賜紫，常薦、常鑒、常白、常默、常節、常靜、常積、

云门宗

五代时，佛教禅宗演绎为五大支派——沩仰宗、临济宗、曹洞宗、云门宗、法眼宗，被称为"一花五叶"。云门宗是其中一叶，由文偃禅师创始于韶州云门山。

常海、常蘊、常智、常達、常滿、常寂、常诏、常懇、常溢、常用、常顯、常、常敬、常秀、常竂、常朗、常普、常宗、常素、常習、常臻、常審、常欽、常躅、常越、常修、常真、常本、常果、常渺、常貞、常珣、常幹、常（凝）、常可、常願、常瑩、常資、常息、常矩、常見、常穎、常讚、常義、常宸、常因、常雋、常寬、常旭、常志、常堅、常育、常遇、常亮、常曜、常觀、常恩、常應、常紹、常嵩、常讓、常是、常霭、常直、常已、常聳、常信、常祚、常辯、常訥、常睦、常立、常奧、常禮、常寶、常皎、常曉、常渺、常（皓、常）肇、常瑋、常敞、常袒、常持、常賜、常輝、常舉、常規、常昫、常齋、常惣、常喜、常培、常郁、常祐、常瑀、常珣、常益、常泰、常亮、常則、常超等七十餘人，皆出自宮闈，素精道行，勅賜與師為弟子。法姪內僧錄、六通大師教中大法師道聰，洞究本門，尤精外學也。岳鏤冰藝（原，映）雪功踈，自愧斐然，濫承厚辟，編成實性，紀彼銘云：

師歸何處，超然寂然。愛河万頃，涉若晴川。其一
思超四果，難降眾魔。迷則曠劫，悟則殺郍。其二
是色非色，真空則空。如水涵像，若燭隨（風其三）。
雖云有佛，難窮于佛。如地有芽，逢春自出。其四
菩提無種，覺花無子。妙果如成，有何生死。其五
是法非法，恍惚難尋。無內無外，即心傳（心其六）。

劫石成灰兮，丘陵潛燼；大海為田兮，人倫斯改。紀師實性兮，刻于貞珉；龍花會開兮，師蹤如在。當院小師常遇、嗣法諍本大師、賜紫常寶、常邵、常罕，都監禪大德、賜紫常進、常播、常操、常遂、常厚、常詡、常迴、常悅、常道、常表、常溥、常秘、常定、（常恝）。

漢大寶元年歲次戊午十二月一日丁丑建。

常果、常藝、常習、常福、常啟、常覺、常慶、常謹、常昧、常練、常省、常徹、常渥、常益、常廣、常徽、常壽、常頊、常済、常玖、常穆、常勇、常肅、常緩、常奫、常幹、常智、（常正）弟子宮闈詡衛指撝使、雲麾將軍、左嶺將軍、負外置同正上護軍、賜紫金魚袋李彥通，弟子御院承旨、承務郎、賜紫金魚袋甘延規，弟子鄧懷忠 僧智任書，弟子鄧留鐫字，梁彥暉、鄧仁愛。

（背面）

當山法嗣小師各踞諸山，匡化海眾，皆受聖恩，宣旨于碧玉殿，製御開堂，並賜紫六銖師号。

歸真大師德韶、實性大師志庠、明識大師守堅、慧真大師竞欽、淨源長老智章、資福長老法緣。

普徽大師契本、廣明大師神埋、淨本大師常寶、想禪大師法球、詮政大師惠廣、利盟大師法曰。

歸玄大師志柔、威禪大師智遠、志貞大師永平、淨法長老令崇、淨源長老智真、慧林禪師自訥、西華禪師智門。

白雲禪師志文、軋源禪師令允、石頭禪師彥莊、永泰禪師延□、觀音禪師智齋、舜峯禪师楚韶、延嗣、光肇、钦習。

傳法孫寶華大師 智全、道誠，山門上座道孫、久住、惠奕、智明、懷謹、常慶、守初、雲秀、省能、智光。

當山和尚匡真大師法胤於寰海內，約有壹伯餘負尊宿紹嗣，繁而不錄。

以大寶二年歲在己未六月乙亥朔十日甲申齋慶樹畢，主持沙門常溥書，鐫字弟子李莪林、吳延保。

都監貞感大師賜紫常進、院主賜紫常悅、主事蘊資、曉倫、曉琛。

當院法孫蘊先、蘊齊、蘊清、蘊崇、蘊光、蘊棲、蘊宗、蘊資、蘊尊、蘊迴、蘊詔、蘊休、曉同、曉簧、曉志、曉□、曉倫、曉琛、曉嚴、曉瓊、曉蒙、曉隆、曉寶、曉珎、曉逢、曉遵、曉初、曉通、曉暹、曉曰、曉圓、曉誠、曉亮、曉英、曉言。

久住小師齊朗、元真、惠国、省嚴、省如、義超、可貞、良源、齊顯。

注：碑文拓片下缺1、2行字，据《中国文化史迹》（〔日〕常盘大定著，浙江人民美术出版社，2017年）第99頁補全。

令 南 士 唐 大 初 三 日 時 長 卷 頭

哲 雄 李 循 歷 佰 正 逡 暢 平 昌 元

　 　 　 郡 寺 邦 芳 道 建 由 聖 仁

　 　 忻 歸 　 　 正 昌 野 　 　

　 蹟 　 　 　 　 聖 曜 仁 沱 久

汉韶州云门山大觉禅寺大慈云匡圣弘明大师碑

Stone Tablet of the Benevolent Master Kuangsheng Hongming of Dajue Zen Temple of Yunmen Mountain

韶关市云门寺藏

高 260.0，宽 130.0 厘米

南汉大宝七年（964 年）陈守中撰。详细记述了文偃大师的生平与南汉时期云门寺的发展历程，包括南汉后主刘鋹迎文偃禅师法身入宫，并摧诤群臣止煞，四海番商瞻礼，敕赠其"大慈云匡圣弘明大师"谥号，"宜升禅寺为大觉禅寺"等史实。

漢韶州雲門山大覺禪寺大慈雲匡聖弘明大師碑

大漢韶州雲門山大覺禪寺大慈雲匡聖弘明大師碑銘并序

西御院使，集賢殿學士，銀青光祿大夫，行右諫議大夫，知大僕寺事，上柱國，賜紫金魚袋，臣陳守中奉敕撰。

原夫真空無相，劫火銷而性相何來；妙法有緣，元氣剖而因緣何起。造化莫能為閫鍵，玄黃不可為種根。此平十方之尊，出彼三祇之劫。增知而減審觀，詎兆始終。望不見而名無言，拘明去（住）。不有中有，不空中空，匪動匪搖，常寂常樂。枸留孫之過去，釋種種圓明；眽婆尸之下生，遮度人於濛揭。自是一音演說，二諦相好業成。愛授記於定光，化三千世界。大乘六乘小乘九，慧業難量；欲界色界色界三，嚚波芴染。所以興行六度，接引四生。求真者競洗六塵，修果者咸超十地。陸人天，僬居淨土。其後迦葉結集，阿難證藏。住持法藏，遞付心珠。住持法藏，龍樹顯降，象教遠流於千載，覺花滿滿於十方。馬鳴興讚法之功，龍樹顯降魔之力。師師相受，法法相（承）。大化無窮，不可思議。而自我祖承運，明帝御制，符寶夢以西來，圖梓惑而東化。金臺玉億，摩騰行首之文，鹿苑鷲林，佛朔逡身遵之化。迄千豬鲁，（泫）至隋唐，達理者甚多，得道者非少。其如歷帝有興，有廢有興，往而謁之。"摩

未若當今聖明敦崇紫相者也。伏惟審皇文武聖神高明弘道光孝皇帝陛下，德參覆載，道合照臨。叶九五之龍飛，應一千之鳳曆。承皇曆有慶，鴻業效禹，聖功崛起。每惡八紘（紛）授，九土艱難。耀干戈以宣威，救生靈發用文物。肇明而闡教，致堯宇雍熙，橫沐忘勞，鑒大禹之所未鑒，造化不

測，開巨靈之所未開。慶雲舒而甘露華，嘉穀生而芝草出。其（千）儒也，則石渠金馬，刊定古今，八素九丘，洞窮淵奧。其於道也，則採彼抱朴，得太上之妙門，資籙靈符，援慈雲之秘訣。於機眼，既崇於儒道，注宸衷，復重於佛宮（空），福萬民於寰宇。紺宮金刹，在處增修；玉氣剖而福萬民於寰宇。頭顱瑞感，知以詔名奧區。昔西來智藥三藏，駐錫於漕溪。曰："一百七十年後，當有無上法寶菩薩於（此）興。化導道者如林。"故號漕溪"寶林"也。二十八祖孫之過未，化導道者如林。三十三代之法衣，祖師南授。洎六祖大師，登正果之後，所謂學者如林，天下高僧，無不奏秦者矣。大師匡聖弘明大師者，則別頴一枝也。大師澄禀不凡，定性自然，馳記莂之高名，躡迦維之密行。慧燈呈權，六根靜而五眼清。不染不着；四果證而三明明，自悟自修，啟禪（門）而定水泓澄，搜律藏而戒珠瑩徹。水上之蓮花千葉，清淨芬芳，之桂映一輪，孤高皎潔。機絲細而必行，道有請而必行。莊嚴萬行，圓滿盡諸有，凋洞愜無為。大師譯之度，吳越蘇州嘉興人也。生而聰敏，幼足神風，不雜時流，自高釋性。緣遊卅歲，便果出家，乃受業於嘉興空王律師志澄下，為上足。披經譯偈，一覽無遺，勤苦而成，依平具尸羅于常州（戒）壇。初習小乘，次通中道。因開陸州道踪禪師聞籥高澄，往而謁之。"摩來去數月，悠一日，禪師發旨曰："頻頻來，作什麼？"對曰："舉人已事不明。"禪師以手推出，云："秦時輠轢鑽。"師因忽發明，微而有（理）。經數載，策杖入閩，造千雪峰會下。三禮之後，雪峰和尚頴形器重之色，是時，千人舉衆，四眾咸歸，儔僧之中，肅僧參問。師朝暮參問，師罔辭勞流，昂鶴悠於群眾，凡聖咸知。

寸。因有僧（問）雪峰曰："如何是觸目不見道，運足焉知路？"雪峰曰："咄！"其僧不明，復問何義，師曰："更奉三尺竹。"僧又不明，舉問雪峰，師曰："噫！我亦疑箇些（納）。"其後頗有言句，聞於雪峰，乃於眾中，密有傳授。因定出會，游訪諸山。遷化，舉徒問曰："和尚，佛法付誰？"峰曰："後遇松僊處住。"舉徒莫測。僊者，則南嶽之法号也。遂詣至今雪峰不立尊宿。（辛）未，屆于漕溪，旋謁霊樹。故如是大師如敬長老以識心相見，靜儔侶接延，僔諭八歲。丁丑，如聖知霊霨，知聖語曰："雪峰減後，必遇無上人，為吾來詔唱。及戊黄霨，至千霊霨，勒為梵藪，大師願寂，恰遇高祖天皇大帝駕幸詔唱。次年，又果教前言也。師是舉奉詔對對歡，便令設齋，授以章服，牧守何希範（礼足）曰："弟子請益。"師曰："目前無異草（而）擎空承足，其對答備傳於世。師爾次後，偈於延接，志在幽清，奉之移電，接運。其對答備傳於世。偈於延接，志在幽清，奏之移電，帝命俞允。癸未，領眾開雲門山，構創梵宮，數載而畢，（莫不）因高就遠，層軒逵宇而湧戲，花果金繩而化出。曉霞因高就遠，層軒逵宇而湧戲，花果金繩而化出。曉霞伍覆，絳幃微藹於睡槈，珠網蘩珠垂，（而）綺籠狀碧瓦。臣匠盡奇峯秀嶺，逶迤皆蟠豸堆藍，泉幽而聲漱滋堆，松老（而）勢擎空翠，由是裝嚴儼相，合雜香蘺，掘衣當歲溢千人，擁錫者雲來四表。薀羅南之林藪，景象無珠，耆闍崛之山中，規模匪異。院主師傳表奏，造院舉功，恭賜霨曰"光泰禪院"，至戊（戌歲），高祖天皇大帝詔入闕，朝對有容，因宣問曰："作麼生是本心？"欲授師左右街師大僧録，益加欽敬，其日，賜師號曰"匡真大師"，勒師以手推出，逐讓再三而免。翌（日），賜師號曰"匡真

師。延駐浹旬，賜內帑銀絹，香藥等，遣還本院。厥後，常注宸
衷。損加緍鏻，尋伏遣中宗光武明堂，復修詔旨，廣布
皇風，廊靜九圍，常敬三寶。令師入寺內殿供養，月
餘，仍賜六銖衣錢絹，香藥等，并賜賜塔（院）額曰
"瑞雲之院"。"寶光之塔"，師調河浩淼，聞必驚人。有問禪者，
則云"正好辯"；有問道者，則云"透出一字"；有問祖師意者，
則云"日裏著山"。凡所接對，皆機大約如此。法藏
幽微，化俯（一興），歲華三紀，師示生滅處，在空中，來若
鳳風，作僧中之異蹤，去同禪寂。於層瓊作浮之
歲四月十日，寢膳微瘵，勤止無妨。忽謂諸徒曰："來去是常。
吾當行。"乃命侍者，着著衣哭泣，備事之禮，告別君王，乃自扎遺識曰：
"吾示滅後，不得教俗，不得著衣哭泣，備事之禮。"吸餘衣哭泣，

付法于白雲山寶性大師示寂性之典。可贈"大慈雲
呼！化緣示此界，法山復化於於十方？鬘鳥鳴忘而不
雖乾於於散。擎徒感慨，瞻瞻擔塔以衡奉，拜爐龕而雪涕。以當
月二十有五日，諸山尊宿，四葉道俗還師入塔，壽齡八十六，僧
臘六十六，香飄數畔，現琴驎之形容，其後，諸國侯王，普天僧眾購師圖國，順

受戒陰騰，現琴驎之形容，其後，諸國侯王，普天僧眾購師圖國，順
兢致齋薺。而後一十七年，我皇帝陛下應天順人，垂衣美風，至大寶六年
三靈而啓聖。紹四葉之聖光，有碑武軍節度推官院校持，中興禪版，怱夢中見師在佛
歲次癸亥八月，有碑武軍節度推官院校持，中興禪版，怱夢中見師在佛
殿之上，（天）色明朗，坐化多時。斯夢，修齋事畢，迴宗表聞，聖上謂
近臣曰："此師道果圓滿，以拂子招紹莊。報云："吾名格多時，
宜降勅，令指攝韶州都監軍府事梁府事梁延釁，同丰府官吏至雲門（山）
開塔。如余所鑒。"菩薩相依稀旋觀，蓮花香寶郎光啟，須臾，寶塔（髮）
然後用功開鑒。法身如故，眼半合而抹光欻肆，口微啟而珂雪密排，

復生，手足猶軟，故神光於於大，是謂既啟，靈座則披，氛
氳永日。即道即俗，觀者數千。異瑞霧於周迴，勅旨，
宜令托節署人，舡（在雲門修齋迎波請，天吳悠悠，風伯伯，塵）

注：碑文拓片下缺1、2行字，据《中国文化史迹》（［日］常盤
大定著，浙江人民美术出版社，2017年）第100页，（清）吳之鯨《南
屏修》等释文补全。

示其生焉，來彰其績，示其滅焉，歸閟其寂。其五
湛然不動，塔聳彌赫，玉毫弥湎，金相弥莊。其六
時平矣，我則晦藏，如彼法質，重舒明日。其七
愛於明朝，現兹法質，福隆帝基，恩頌洋溢。其八
瑞盤之虹玉花明，浮紫氣於皇城，焂靈光清禁。其九
三異滋洽，千里晴空，瓊壁堆鑒，濟覆皇城。
金銀羅列，夜表至清。施兹寶貝，捨万綺羅。
曰陳供佛，顯應斯多。其十
神傾簷蔔，天降曇陋，前俯後俯，聖比和風。
明明聖君，仁恕聖君，教將地圖，勒之貞珉，永芳千古。其十
維大寶七年歲次甲子四月十末朔。

列聖宮使，甘泉宮使，秀華宮使，疏華宮使，開府儀同三司，開府
行內侍監，上柱國臣李托，玉清宮使，德陵宮使，龍德宮使，臣
儀同三司，行內侍監，上柱國開國男，食邑三百戶，臣
襄澄禪師臣建。
右街，大礼寺內殿供奉，講論表白，慈法大師，賜紫沙門，
臣行傳教勑書。
右龍虎軍控鶴將軍，陪戎副尉，臣孔廷津，臣
陳延嗣，臣郭懷沙門，

（背面）

寶初三日，時長老慧瓊移主拜雲門道場，云大曆寺登卭亭
留題：元祐三年二月，宣翁書士李翁書立，建旦野人許翁仁卷之
同送別，南雄鄧邦彥正翁，武林錢閟仲禹。

於穆大雄，教敷百億，提攜八極，
不滅不生，無擧無色，卓爾神功，昭然慧力。其一
化無不同，道無不備，法既流令，教既有矣。
愛於風靡，實性真宗，枝分風靡，聖諦交暢。
祖祖傳心，燈燈散燭，詮諦騰鑣，門門猗軸。其二
種種禪采，門門猗軸，正覺廣寫，尋之不足。
歐門寶林，重芳一葉，布無上藏，登無上職。
法炬瞳曨，尼珠煒燁，捃湖淖津，救炎塵動。其三
南北學徒，法身瞳曨，握衣朝夕，無昧不釋。其四

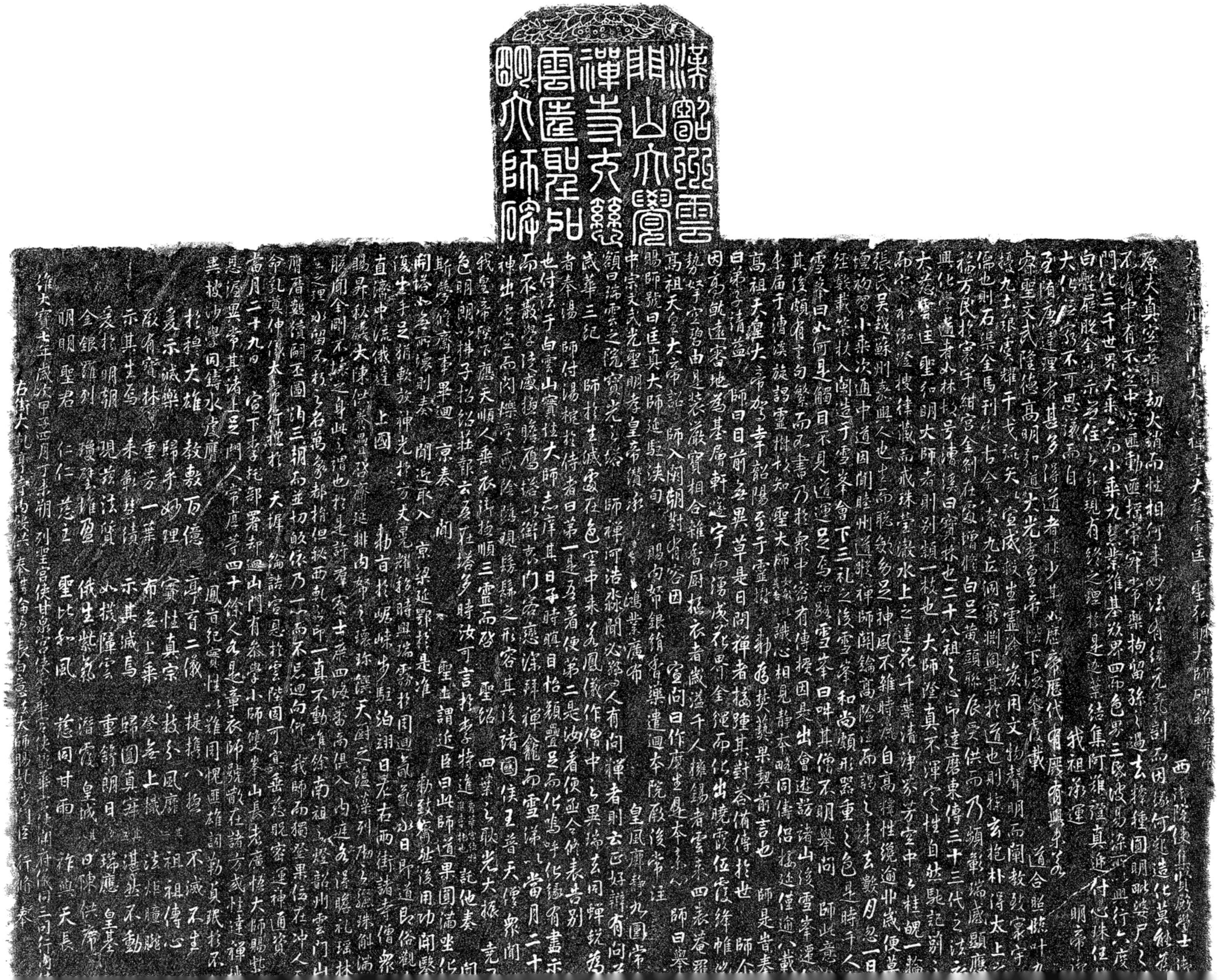

桂林金山摩崖造像
Buddhist Cliff Carvings

通高 136.0、通宽 132.0 厘米

位于桂林市秀峰区甲山乡金山东南麓，南汉乾和十一年（953年）造，为一佛两菩萨一侍者的拱楣式摩崖造像，其风格介于唐宋之间。该龛主尊宽肩隆胸丰腰，着通肩衣，施降魔印、跣足端座于束腰方形座上，头部外有圆形头光和火焰纹。主尊左右各有一修身持宝瓶站立的胁侍菩萨，菩萨均细腰、略外扭。主尊与右胁侍菩萨之间刻插有两支莲蓬的花瓶，莲蓬上方雕饰莲花纹。左胁侍菩萨左外侧有一站立的侍者像。该造像右下有较为清晰的造像记和题名各一方。

　　维大漢國乾和十一年歲次癸丑十二月丁未十八日，為國重鐫造題記，監寺比丘惠果寺主僧義聰、僧義光、僧咸涵、僧師鏡、僧惠欽、僧師訓、僧義真、僧道欽，弟子昭武步聞副指扐使管甲勾當，三十里鋪禦侮校尉、左監門衛率府郎將同正員武騎尉賜紫涂萬雄。

　　弟子十將勾當龍，弟子中軍十將從眾，二弟子討十嶺莊和展，弟子防城都十將劉森，弟子康師進，女弟子王十四娘，同妻女弟子徐氏二十四娘。

 乾亨寺铜钟

Bronze Bell of Qianheng Temple

贺州市博物馆藏

通高 159.0、口径 83.0 厘米

南汉大宝四年（961 年）铸造，原位于广西贺州乾亨寺。上面明确记载了该钟铸造的时间、重量、供养寺庙，罗列了当时该地区的僧人、地方官、女弟子、众缘弟子、工匠、孔目官、寿星老者等267 人的名字，是研究南汉职官制度、县制和寺庙的重要材料。

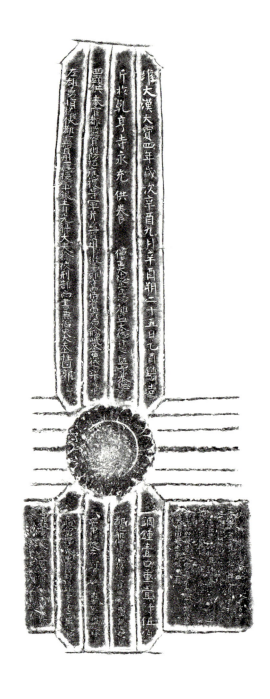

　　维大漢大寶四年歲次辛酉九月辛酉朔二十五日乙酉，鑄造銅鍾壹口，重壹阡伍佰

斤，於軋亨寺永充供養。僧正大德崇愍，都監、大德行超，監寺、大德、都維郍僧楚彤，住持僧從義、楚澄、縈然、戒詮、智暹、知亮、宏遇，

　　西頭供奉官、都監賀州防拓、應援等軍并監賀州事、徵事郎、守内侍省内府局令、賜紫金魚袋梁延康，管甲指揎使全友誠、劉處詳，佐遷内承旨黃守鐔，指揎使陳匡遠，

　　左雄勇指揎使、都監賀州應援軍、銀青光祿大夫、檢校刑部尚書兼御史大夫、上柱國郭達，西頭高品譚文定，西上閤門使副權錄事參軍梁延福，

　　郭居弟子楊德威、廖師進、宋居訓、黃進义、詹延達、鄧承潤、王延猷、梁承選、蕭彥鐺、黃仁祚、李延亮、孟漢璿、劉意琅、黃少璘、陳延福、胡延舉、蕭彥湘、王景起、莫少宣、陳進清、孟漢達、孟意通、陳德用、姚宏雅、黃仁裕、虞從慶、丘鄰、倫延綬、嚴匡演、楊燦、李常溫、廖延通、李延意、莫楷、虞才訓，女弟子：蔣氏六娘、黃二娘、徐四十娘、李十四娘、虞二十一娘、陳二娘、歐陽十八娘、陶五娘、李二十八娘、馮一娘；

　　高品銀青光祿大夫、檢校國子祭酒兼侍御史、柱國莫道賓，翰林□待詔、文林郎、試大理評事王師訓

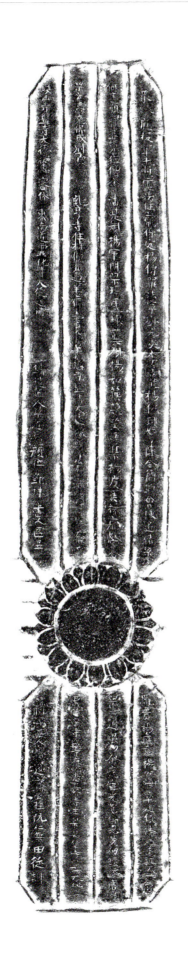

　　眾緣應援軍十將盧法住、龐保定、楊僧、羅法寧、劉光美、李善能、楊像；封弩：陳令簡、鄧會、陳道情、梁雪、羅貴、楊道意、楊公海、覃廷儀、潘廷美、馮金、劉迢、

　　何匡韻、龐婓兒、伍僧會、潘楚規、楊軍朗、梁瑤、盧嫩、龔硯、楊知、蘇蘊、黃延集、楊虔、吳採、龐奴、寧舍、梁彥通、梁幼、余戀、寧光、包郘兒、冼初、鍾添、唐勝、

　　梁云慶、堯保成、劉史；乹亨寺住持僧弘遇、善儒、志寬、善慧寺監寺、大德緣集法喜，正惠禪院監院、大德志堅，西山勝果寺監寺、大德、惠長寺主契真，仁王寺監寺、大德善德，

　　峽山寺大德從惠、審依，東南道、靈化寺大德延浦；鑄造匠人：梁道崇、顏位、鄧珠；書人：區昱；鑴字匠人：齊公延、齊公握、阮仁興、田從訓

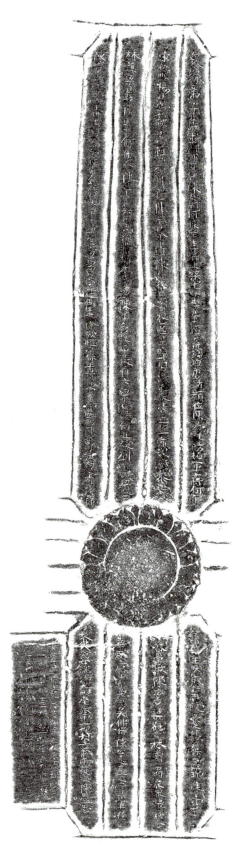

　　眾緣弟子：馬軍郭道崇、陳延嗣、何懷堅、李懷進、梁道崇、李廷真、區彥從、錢珣、唐緒、顏位、陳彥詳；防拓軍十將何肱、聶軻、王畎、成行柔、阮敬之、張利保、區琮、陳廷桂、李辛、

　　宋從順、楊廷懿、蘇全志、植昌歲、陳豊、陳癸、黎小錐、陳保得、吳甯收、區昱、鄧珣、楊延慶、凌孟益、羅敬文、黎匡充、黎崇徽、陳法善、梁觀音、林光嗣、禑慶眾、張僧養、

　　林讓、梁匡錫、陳廷智、何佛養、陳延壽、梁保志、馮僧保、李文叨、陳潘久、蘇亞、張料六、梁保綏、何廷泛、劉道誠、梁敬遷、梁度、嚴留、梁光嗣、吳佛保、陳公遠、區延志、聶再隆、

　　陳延嵩、盧光志、王佛寺、劉韶、向延古、陳佛看、蘇保兒、蒙愛、梁延愛、梁和尚、莫宋、張佛、王老、徐嫩、植崇保、梁懷徹、盧延保、區紹、陳承鄴、黃知道、王期、陳師、黎佛念、鄧法護、冼光嗣、李張、盧郋、封善修、盧從蘊、陳思憲；

　　女弟子：廖三娘、區四娘、宋九娘、李八娘、陳二娘、任八娘、簡十娘、王一娘、劉二娘、李九娘、廖二娘、趙十六娘、徐九娘、何一娘、陳一娘

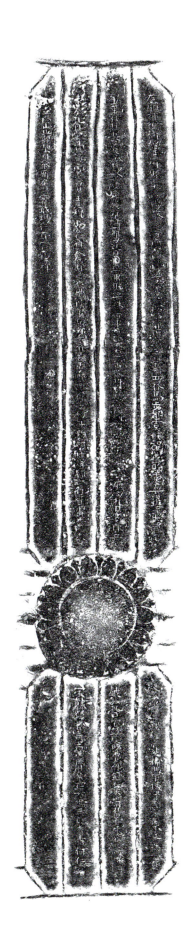

　　左廂都押衙、知桂州縣事歐陽敬忠，右廂都押衙梁存忠，防城都押衙黃延靜，四界馬步都虞侯、知馮乘縣事孟漢璀，馬步都虞侯莫慶，承典議郎、守連山縣程崇珪，捕賊官陳子勳、虞承繞、馮令瑁，

　　軍事孔目官、知寶城場務虞延愆，鼓鑄都勾孔目官、知富川縣梁珠，軍事押衙官、句蕩山縣科敬楊蘊，讀示孔目官鐘全美，廳勾孔目官陳昌，鼓鑄孔目官鍾慶眇、曹都、鍾仁，英州司孔目官虞保忠、陳承保、黃承畔，

　　表奏孔目官費沆、虞仁贇、王廷規、虞仁祚，倉督廖仁亮，臨賀縣都行、耆壽虞師嶽、陳子璩、歐陽續，桂嶺縣都行、耆壽李罕餘，富川縣都行、耆壽王漢膺、董仁興，馮乘縣耆壽何仁富，

　　蕩山縣耆壽黎霜層，寶城場行首寶華祚。

长寿寺铜钟
Bronze Bell of *Changshou* Temple

韶关市南华寺藏
通高 107.0、口径 56.8 厘米

南汉大宝七年（964 年）铸造，原为长寿寺（据清代阮元《广东通志》，即今六榕寺）物，后移至法明寺，宋开宝九年（976 年）至广东韶关南华禅院。南华寺始建于南北朝梁武帝天监元年（502 年），宋开宝元年（968 年），宋太祖赐额"南华禅寺"，寺名乃沿袭至今，是六祖弘法的道场，是禅宗的重要圣地。

大漢皇帝維大寶七年歲次甲子正月一日戊寅，鑄造洪鍾壹口，重銅壹仟貳佰陸拾斤，於長壽寺永充供養。

其鍾元在長壽寺，至今戊辰歲四月八日，卻移於法明寺，永充供養。都惟郁僧惟省、直歲僧法光、典座僧令恩、上座僧文遇。

穹然而隆，匐然而宏，其形其聲，傳茲不窮。癸未七月蘭瑕道人志。

南華禪院奉：勅宣賜廣州長壽寺鍾壹口，將鎮祖山，功資國祚，以開寶九年丙子歲九月二十五日，得廣州差人舡，同前副監寺契真大師珣甫部署到山，故祿子孫。

院主惠正大師懷感、都監契淨大師道隆、監院淨源大師□乙、守護傳法衣鉢普□大師光禹

感报寺铜钟

Bronze Bell of *Ganbao* Temple

贺州市博物馆藏

通高 100.0、口径 57.0 厘米

南汉乾和十六年（958 年）铸造，原位于广西梧州云盖山感报寺。为万华宫使吴怀恩铸造供奉，祈祷上天保佑中宗"龙图永固，圣寿万春"。

维大汉乾和十六年太岁戊午闰六月庚辰朔十六日乙未，弟子萬華宮使、桂州管内招討使、特進、行内侍、上柱國吳懷恩鑄造鴻鍾壹口，重伍佰斤，置於梧州雲蓋山感報寺永充供養，上資當今皇帝龍圖永固，聖壽萬春。謹記。

青瓷佛塔模型

Celadon Pagoda Model

2011 年越秀区惠福西路南粤先贤馆工地出土

高 12.0、底径 10.0 厘米

平面呈六边形，塔基由基座和三层基台构成，
塔身三层，仿楼阁式，首层开龛，龛内塑佛像，
攒尖顶。

广东英德的碧落洞、惠州的罗浮山、广西玉林的都峤山和勾漏洞都是南汉著名的洞天福地。道教受到上至皇帝、下至百姓的信奉与推崇。

碧落洞

位于广东英德。存有自唐长庆二年（822年）至民国三十六年（1947年）的摩崖石刻。南汉乾和七年（949年），中宗刘晟游碧落洞，命钟允章撰《盘龙御室记》，记载神秘道人将葛洪炼制的仙丹送给中宗的故事。

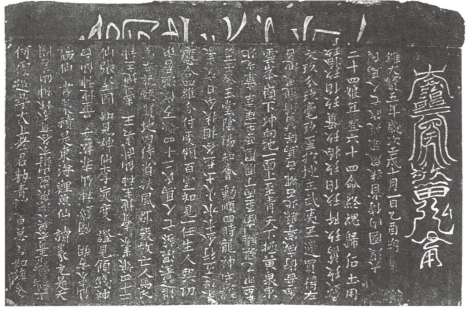

石合同券
Contract for Cemetery Deal

广州博物馆藏
长 40.0、宽 22.0 厘米

南汉大宝五年（962年）立，墓主为马氏二十四娘。券右刻一道符篆，铭文中记载有地主武夷王、张坚固、知见神仙李定度、领钱神仙东方朔、赤松子、量地神仙白鹤仙等道教神仙。

维大宝五年岁次壬戌十月一日乙酉朔，大汉国内侍省扶风郡殁故亡人马氏二十四娘，年登六十四命终，魂归后土。用钱玖万玖阡玖伯玖拾玖贯玖伯玖拾文玖玖毫玖厘，於地主武夷王边买得左金吾街咸宁县北石乡石马保菖蒲观界地，名云峯岭下坤向地一面，上至青天，下极黄泉，东至甲乙麒麟，南至丙丁凤凰，西至庚辛章光，北至壬癸玉堂，阴阳和会，动顺四时，龙神守护，不逆五行，金木水火土，并各相扶。今日交券，应合四维，分付受领，百灵知见，一任生人兴功造墓，温蓻亡人马氏二十四娘，万代温居，永为石记。愿买地内侍省扶风郡殁故亡人马氏二十四娘券。卖地主神仙武夷王，卖地主神仙张坚固，知见神仙李定度，证见领钱神仙东方朔，领钱神仙赤松子，量地神仙白鹤仙，书券积是东海鲤鱼仙，读蓁元是天上鹤，鹤上青天，鱼入深泉，崑山树木，各有分林。神仙若问，何处追寻，太上老君勑青诏书。急急如律令！

内足自富

南汉时期，岭南地区相对安定，经济继续发展，农业、手工业的生产技术和规模都有了一定程度的提高。

农业

五代十国时期，中原动乱引发了历史上第二次北人南迁浪潮，为岭南补充了大量的劳动力资源。岭南地区的耕地面积进一步扩大，粮食产量提高，经济作物的种类更为多样。南汉宫苑遗址出土有荔枝、杨梅、桃、李等植物种子，昭陵出土的六耳罐中部分保存有鸡类、鱼类的骨头和蚶壳。

《岭表录异》

汉唐风韵　唐代刘恂著。刘恂（生卒年不详），唐昭宗时任广州司马。此书记载了岭南地区的动植物特产和饮食，尤其是各种鱼虾、海蟹、蚌蛤的形状、滋味和烹制方法，岭南人喜食的各类水果、禽虫也有所记述，是了解唐代岭南道物产、民情以及研究晚唐时期岭南地区经济、文化的重要文献资料。

镇象塔
Sutra Pillar for Elephants Conquering

东莞博物馆藏
现高 397.0 厘米

原立于东莞资福寺，为石质陀罗尼经幢，俗称镇象塔。塔身铭文记载了当时群象踏食百姓田禾，官府命人将群象驱入栏内，烹宰后补充军需，并建镇象塔超度的史实。

以大寶（五年壬戌十一月乙卯朔六日庚申，禹余宫使、東）面招討使、特進、行内侍監、上柱國邵（廷玥，□□□買）地一段收……及諸寺院僧房。鐫造佛頂尊勝（陀羅）尼（經幢），大白衣觀（世音菩尊相……甃砌寶）塔五層，四面龕室，裝嚴佛像。又捨黑□□□□差僧延嗣住持（焚修，伏以所崇妙善。蓋……），群象踏食百姓田禾，累奉勑下，差人採捕，（駈括入欄，烹宰應膽軍□□其戴甲披毛，俱是）負來之（命。□廬）遺骸滯魄，難超捨去（之魂。仰賴）良因，免涉（幽局之苦；速承濟度，永辭異類之徒）。

榄核
Olive Seeds

1994 年东山区德政中路担杆巷南侧工地出土

桃核
Peach Seeds

1994 年东山区德政中路担杆巷南侧工地出土

酸枣核
Jujube Seeds

1994 年东山区德政中路担杆巷南侧工地出土

松果
Pine Cone

1994 年东山区德政中路担杆巷南侧工地出土

蚬壳
Clam Shells

1994 年东山区德政中路担杆巷南侧工地出土

猪牙
Pig Tooth

1994 年东山区德政中路担杆巷南侧工地出土

鱼牙
Fish Teeth

1994 年东山区德政中路担杆巷南侧工地出土

鱼骨
Fish Bones

1994 年东山区德政中路担杆巷南侧工地出土

矿冶铸造业

南汉时期，矿冶铸造业发展较为迅速。春州（现广东阳春）是南汉铅钱铸造地，郴州桂阳监铸造的银铤远达海外。

阳春铁屎迳铸造遗址

1982 年，考古工作者在现阳春市的铁屎迳村发现南汉时期的铅钱铸造遗址。遗址面积达 2 万多平方米，出土有"乾亨重宝"石质钱范、铅铤、布面纹板瓦、青釉碗、黑陶罐等遗物，堆炉中含大量炉渣。现铁屎迳山上仍有溪涧、铅锌矿，推测南汉时期在此就地挖矿、冶炼和铸钱。1953 年以来，广州孖鱼岗、黄花岗、桂花岗、西村、梅花村、环市东路等地发现有南汉钱币窖藏，出土的"乾亨重宝"铅钱多达几万枚。

阳春铁屎迳村

广州金东环大厦
工地出土铅钱

 铅饼
Lead Cakes

2009 年越秀区大马站景豪坊工地出土

长 21.1～29.5、宽 16.2～19.2、厚 1.5～2.9 厘米

椭圆形，上有方形孔，便于提拿。

炉渣
Slags

2017 年阳春市石望镇铁屎迳村采集

冶炼过程中金属溶液与泥沙混合形成的炉渣。

"官"字款铅铤

Lead Ingot with the *"Guan"* Inscription

许建林、许颖乔父女捐赠

约长 15.0、宽 8.0 厘米

铅是铸造南汉铅钱的原材料，铤为金属大铸块。铅铤正面阴刻"官"字款，背面有"春州制十斤"字样。春州是指现今阳春市，可能是由阳春铸钱遗址运往目的地过程中在西江沉没的。铅铤可能是铸造铅钱的原料，也有可能为上贡、进奉的礼品。

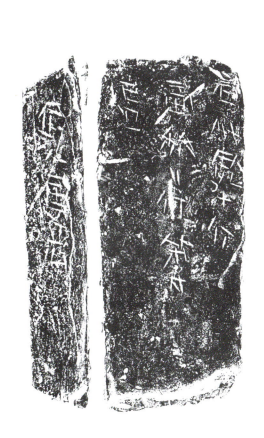

 石质钱范

Stone Mold for Coins with Embossing Pattern

阳春市石望镇铁屎迳村出土

阳春市博物馆藏

长 17.7、宽 9.2、厚 2.0 厘米

南汉用以铸造"乾亨重宝"铅钱的范母。板岩制作，为阳范，范面阴刻 10 个"乾亨重宝"圜钱铸模，分两行对称排列。钱形面径 2.5 厘米，孔径 0.7 厘米，肉薄，有周郭，宽缘。

 石质钱范

Stone Mold for Coins with Incised Pattern

阳春市石望镇铁屎迳村出土

阳春市博物馆藏

长 19.1、宽 10.0、厚 3.0 厘米

南汉用以铸造"乾亨重宝"铅钱的范母。板岩制作，为阴范，范面刻有 12 个圜钱铸模，分两行对称排列，主槽刻在两行钱模中间，支槽略窄稍浅，连接各钱模，为合范后注入铅液之用。

"乾亨重宝"铅钱
"Qian Heng Zhong Bao" Lead Coins

2011 年越秀区惠福西路南粤先贤馆工地出土

直径 2.45 ～ 2.7、孔径 0.6 ～ 0.8 厘米

背文"邕","邕"指邕州（现广西南宁一带）。"乾亨重宝"是目前已知我国历史上铸行数量最多的铅钱，反映了南汉庞大的贸易需求。

郴州桂阳监

桂阳监在唐代就已经是官方设立的货币铸造机构，位于今湖南郴州地区。五代时期，桂阳监原属马楚管制，南汉乾和九年（951 年），中宗刘晟派遣潘崇彻攻下桂阳监所属的郴州，接管桂阳监。其铸造的银铤经水路运往广州，远通东南亚。

崇福寺铜钟

Bronze Bell of *Chongfu* Temple

湖南省博物馆藏
高 99.0、径 52.0 厘米
南汉大宝四年（961 年）桂阳监铸造，原供奉于湖南郴州的崇福寺内。铜钟上的"大汉桂阳监""坑炉民庶"等铭文说明桂阳监为南汉朝廷专设的冶炼铸造机构。

大漢桂陽監敬鑄銅鐘一口，重二百五十斤，謹舍於崇福寺，永充供養。特冀殊因，上資國祚，次及坑爐民庶，普獲利饒。

大寶四年太歲辛酉十一月二十四日，設齋慶讚訖，謹記。

 骨锥

Bone Awl

2002 年越秀区北京路千年古道遗址出土

长 5.5、宽 1.0 厘米

骨制品的使用年代悠久，可至旧石器时代，在唐扬州城内还有制骨作坊遗址，说明骨制品在人类生活中发挥着重要作用。骨锥使用动物的骨头磨制而成，主要用于缝制衣服。

 青瓷纺轮

Celadon Weaving Wheel

2007 年越秀区中山大学附属第一医院手术楼工地出土

高 1.9、直径 2.8 厘米

自新石器时代以来（8000 年前）就一直使用的纺织工具，用于捻线。

 陶纺轮

Pottery Weaving Wheel

2004 年越秀区广卫路停车场工地出土

高 2.8、轮径 6.0、孔径 0.6 厘米

"官"字款青瓷盘底
Celadon Plate with the "*Guan*" Inscription

2003 年越秀区中山四路致美斋工地出土
圈足径 9.0 厘米

"官"字款阴刻在器物外底后再施釉经高温烧成。"官"字款在南汉王宫等遗址和五代越窑、黄堡窑等窑址出土的瓷器上都有发现，一般认为这种带"官"字款的瓷器是由官府监造或专供皇室和官府使用的瓷器。

水晶矿石
Crystal

2003 年越秀区中山四路致美斋工地出土
长 7.5、宽 4.5、厚 3.8 厘米

水晶硬度高，敲击后会自然形成块状和短柱状碎块。水晶是较为珍贵的材料，甚至连边角料也会被充分利用制作小制品。

梯航万里

　　唐朝末年，黄巢攻陷广州，对广州的对外贸易造成极大的破坏。刘氏统治时期，恢复并鼓励对外贸易的发展，各种香药、玳瑁等海外珍宝源源不断地输入广州。商业贸易的活跃，带来了南汉的"珠玉之富"。宋灭南汉的当年（971 年）就在广州首设市舶司，管理海外贸易。

殷繁要会

　　南汉与周边政权的贸易往来兴盛，刘岩鼓励发展贸易，西通滇（今云南省）、蜀（今四川省），并多次召见五岭以北到南海的商贾。

南粤雄关与古道

　　位于江西省大余县和广东省南雄市交界处的梅岭（又称"大庾岭"）之上。唐开元年间（713～741 年），张九龄奉诏凿山修路，开凿梅岭道，明万历年间在关楼上立匾"南粤雄关""岭南第一关"。这条古道历来都是沟通岭南与中原的交通要道，也是连接内陆贸易与"海上丝绸之路"的重要通道之一。

"岭南第一关"

"唐国通宝"铜钱

"Tang Guo Tong Bao" Copper Coin

南唐（937～975 年）

2012 年越秀区惠福西路南粤先贤馆工地出土

直径 1.9、孔径 0.5 厘米

始铸于南唐元宗李璟显德六年（959 年）。南汉与南唐交往密切，李煜为大宋劝降刘鋹的书信中有"叨累世之睦，继祖考之盟，情若弟兄，义敦交契"之说。

 "汉元通宝"铜钱

"Han Yuan Tong Bao" Copper Coin

后汉（947～950 年）

2012 年越秀区惠福西路南粤先贤馆工地出土

直径 2.4、孔径 0.65 厘米

始铸于后汉隐帝刘承祐乾祐元年（948 年）。乾祐三年后（950 年），国亡停铸。

 "周元通宝"铜钱

"Zhou Yuan Tong Bao" Copper Coin

后周（951～960 年）

2012 年越秀区惠福西路南粤先贤馆工地出土

直径 2.5、孔径 0.7 厘米

始铸于后周世宗显德二年（955 年）。当时铜材紧缺，周世宗便下令销毁铜佛像以铸钱，还搬出了"舍身饲虎"的典故，将反对者说得哑口无言。因为周元通宝是用佛铜铸造的，所以衍生出此钱能催生去病的故事。

 "天汉元宝"铜钱

"Tian Han Yuan Bao" Copper Coin

前蜀（907～925年）

2012年越秀区惠福西路南粤先贤馆工地出土

直径2.3、孔径0.6厘米

始铸于前蜀王建天汉元年（917年）。

 "光天元宝"铜钱

"Guang Tian Yuan Bao" Copper Coin

前蜀（907～925年）

2012年越秀区惠福西路南粤先贤馆工地出土

直径2.2、孔径0.7厘米

始铸于前蜀王建光天元年（918年）。

五代窑业

五代时期窑业发展，长沙窑、越窑、耀州窑等窑场生产的瓷器通过货物贸易和贡奉等交换手段进入南汉地域。

越窑——夺得千峰翠色来

越窑窑场在今浙江省上虞、余姚、慈溪、宁波等地均有分布，作为上林湖越窑遗址中最核心的后司岙窑址在晚唐五代到北宋初年，大量烧造出用于贡奉的精品瓷器——"秘色瓷"。秘色瓷在唐代法门寺地宫、吴越国王钱氏家族墓、宋代元德李后陵中都有发现，在广州南汉王宫等遗址亦有出土。

捩翠融青瑞色新，陶成先得贡吾君。
巧剜明月染春水，轻旋薄冰盛绿云。
古镜破苔当席上，嫩荷涵露别江濆。
中山竹叶醅初发，多病那堪中十分。

——（唐末五代）徐夤
《贡馀秘色茶盏》

越窑青瓷花口碗
Celadon Bowl with Flower-Shaped Mouth Rim (*Yue* Kiln)
2012 年越秀区惠福西路南粤先贤馆工地出土
高 4.4、口径 16.8、底径 7.0 厘米

越窑青瓷花口盘
Celadon Plate with Flower-Shaped Mouth Rim (*Yue* Kiln)

浙江省慈溪市上林湖后司岙窑址出土
慈溪市文物管理委员会办公室藏
口径 13.3、底径 6.0 厘米

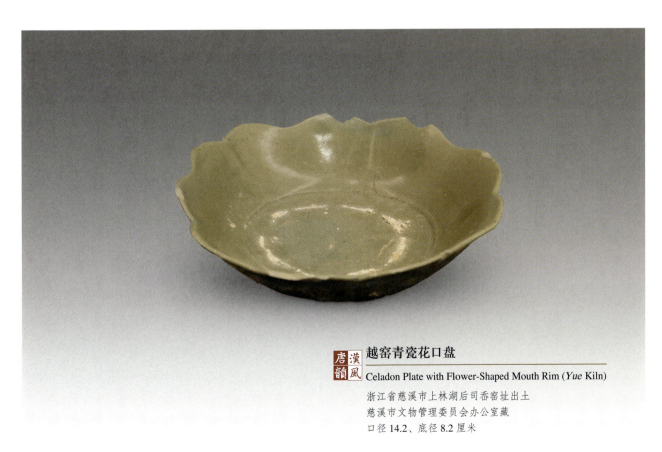

越窑青瓷花口盘
Celadon Plate with Flower-Shaped Mouth Rim (*Yue* Kiln)

浙江省慈溪市上林湖后司岙窑址出土
慈溪市文物管理委员会办公室藏
口径 14.2、底径 8.2 厘米

越窑青瓷执壶
Celadon Ewer (*Yue* Kiln)

浙江省慈溪市上林湖后司岙窑址出土
慈溪市文物管理委员会办公室藏
高 17.0、口径 9.2、底径 6.7 厘米

汉唐风韵 **越窑青瓷水钵**
Celadon Water Bowl (*Yue* Kiln)

浙江省慈溪市上林湖后司岙窑址出土
慈溪市文物管理委员会办公室藏
口径 10.9、底径 4.0 厘米

汉唐风韵 **越窑青瓷碗**
Celadon Bowl (*Yue* Kiln)

浙江省慈溪市上林湖后司岙窑址出土
慈溪市文物管理委员会办公室藏
口径 16.7、足径 8.0 厘米

 越窑青瓷圈足盏

Celadon Cup with Ring Foot (*Yue* Kiln)

浙江省慈溪市上林湖后司岙窑址出土
慈溪市文物管理委员会办公室藏
足径 6.5 厘米

 越窑青瓷盏托

Celadon Cup Holder (*Yue* Kiln)

浙江省慈溪市上林湖后司岙窑址出土
慈溪市文物管理委员会办公室藏
口径 10.4、足径 5.9 厘米

长沙窑——湘瓷泛轻花

　　长沙窑位于今湖南省长沙市望城区的石渚湖一带，约始烧于初唐，中唐后迅速崛起，衰落于五代末年。以彩色绚烂、繁花似锦的彩绘取胜，纹饰以外国人物、自然风情及诗句为特色。大量长沙窑瓷器行销海外，在朝鲜、日本、印尼、伊朗、埃及等地都有发现，其中在印度尼西亚发现的唐代"黑石号"沉船上就发现有数万件长沙窑的瓷器。

古岸陶为器，高林尽一焚。

焰红湘浦口，烟浊洞庭云。

迥野煤飞乱，遥空爆响闻。

地形穿凿势，恐到祝融坟。

——（唐）李群玉《石潴》

 唐汉韵风 **长沙窑褐绿彩瓷片**

Porcelain Piece with Brown and Green Color (*Changsha* Kiln)

1994 年东山区德政中路担杆巷南侧工地出土
残长 4.5、宽 6.0、厚 0.4 厘米

唐汉韵风 **长沙窑点彩瓷片**

Colored Porcelain Piece with Stippling Patterns (*Changsha* Kiln)

1994 年东山区德政中路担杆巷南侧工地出土
残高 4.5、口径 4.2 厘米

 唐汉韵风 **长沙窑彩瓷片**

Colored Porcelain Piece (*Changsha* Kiln)

1994 年东山区德政中路担杆巷南侧工地出土
残高 3.5、足径 5.8 厘米

 长沙窑褐绿点彩罐

Porcelain Jar with Green and Brown Stippling Patterns (*Changsha* Kiln)

湖南省文物考古研究所藏

高 10.0、口径 4.7、底径 5.8 厘米

该罐用褐、绿两种彩料绘联珠式的桃形花纹。联珠纹饰是西亚、中亚地区常见的装饰图案，长沙窑工匠对这种装饰形式加以利用与创新，使简单的小罐增添无尽的韵味，满足了市场对彩绘瓷器的需求。

 长沙窑褐绿点彩罐

Porcelain Jar with Green and Brown Stippling Patterns (*Changsha* Kiln)

湖南省文物考古研究所藏
高 7.0、口径 4.8、底径 4.6 厘米

该罐用褐、绿两种彩料在坯体肩、腹部绘联珠式组合纹饰。联珠
纹饰是西域地区常见的装饰图案，长沙窑工匠常用联珠纹组合成
云气、山峦、龟背、几何图案等纹饰，丰富了长沙窑彩绘瓷器的
装饰技法，满足了西域市场对长沙窑彩绘瓷器的需求，显示出了
长沙窑工匠对外销市场需求的敏锐把握力和在装饰技法的创造力。

 长沙窑贴花椰枣胡人纹执壶

Brown Speckled Porcelain Ewer with Date Palm and Foreign
Figure Patterns (*Changsha* Kiln)

湖南省文物考古研究所藏

高 21.0、口径 10.7、底径 14.0 厘米

该壶在短流及双系之下各饰模印贴花一片，贴花之上罩褐
斑以突出装饰效果。贴花纹饰主题为对鸟椰枣和胡人乐舞，
这种壶是长沙窑独具特色的一类产品，也是外销市场上最
受欢迎的产品，在黑石号沉船以及九世纪众多境外遗址中
都有发现。长沙窑工匠所创造的褐斑贴花技法可能模仿了
金银器的局部鎏金和锤鍱技法，而对鸟椰枣纹和胡人乐舞
则是西亚、中亚地区喜闻乐见的装饰主题。

耀州窑——巧如范金，精比琢玉

耀州窑位于陕西省铜川市黄堡镇，宋时属耀州，故名"耀州窑"。烧造的陶瓷产品不仅深受平民百姓喜爱，还曾贡奉皇室，远销海外。晚唐以后，耀州窑发展出以烧造青瓷为主的道路。五代耀州窑制瓷技术有了重大改进和提高，采用了一器一钵釉裹足支钉装烧的新工艺，其中烧造的天青釉瓷堪称五代青瓷的翘楚。

巧如范金，精比琢玉。始合土为坯，转轮就制，方圆大小，皆中规矩。然后纳诸窑，灼以火，烈焰中发，青烟外飞，锻炼累日，赫然乃成。击其声铿铿如也；视其色温温如也。

——（宋）张隆《德应侯碑》

 耀州窑青瓷花口碗

Celadon Bowl with Flower-Shaped Mouth Rim (*Yaozhou* Kiln)

陕西省耀州窑博物馆藏
高 7.6、口径 19.2、足径 8.7 厘米
器内外满施青釉，釉色青灰。足裹釉，足上三堆托珠支烧痕，釉下施化妆土。深灰色胎，质地细腻。

耀州窑青瓷划花套盒
Celadon Container Set (*Yaozhou* Kiln)

陕西省耀州窑博物馆藏
通高 6.0、口径 13.5、底径 16.0 厘米

为一组套盒的底部或中间某层。呈八曲形。胎白色，内外施青釉，釉色青绿微黄，
光洁莹润、开片。足底擦釉处呈火石红，内底划牡丹花纹，周围腹部绕以卷草纹。
圈足上下两条凸出的宽带，其间刻壶门四个，壶门之间各划一朵花纹。

 耀州窑青瓷刻花执壶残片
Fragment of Celadon Ewer (*Yaozhou* Kiln)

陕西省耀州窑博物馆藏
残高 6.2、足径 10.0 厘米

 耀州窑青瓷盏
Celadon Cup (*Yaozhou* Kiln)

陕西省耀州窑博物馆藏
高 5.2、口径 12.1、足径 5.1 厘米

 耀州窑青瓷碗残片
Fragment of Celadon Bowl (*Yaozhou* Kiln)
陕西省耀州窑博物馆藏
高 5.2、足径 6.0 厘米

 耀州窑青瓷盘残片
Fragment of Celadon Plate (*Yaozhou* Kiln)
陕西省耀州窑博物馆藏
足径 10.9 厘米

 耀州窑青瓷盏托托芯
Middle Part of the Celadon Cup Holder (*Yaozhou* Kiln)
陕西省耀州窑博物馆藏
高 1.3、口径 5.0、足径 6.9 厘米

市舶之利

唐朝廷在广州创设市舶使，统管东南沿海贸易。南汉时期，海外贸易十分活跃，大量陶瓷器、丝绸等经广州销往东南亚等海外地区。印尼海域发现的印坦沉船、井里汶沉船上载有大量瓷器和南汉"乾亨重宝"铅钱。海外输入岭南的商货则有各种香料、珠贝、象牙、犀角等。

南海神庙

创建于隋开皇十四年（594年），位于珠江出海口。自隋唐以来，历代皇帝都派官员到南海神庙举行祭典，以祈求出入平安、海贸通畅。海外贸易是南汉朝廷财政的重要来源，因而统治者更是重视海神祭祀。刘䶮时"尊海神为昭明帝，庙为聪正宫，其衣饰以龙凤"，将南海神尊奉至前所未有的地位。

头门

"海不扬波"牌坊

 青瓷盒

Celadon Container

2003 年南汉康陵出土

高 8.0、口径 10.7、腹径 12.0、足径 6.4 厘米

南汉王宫遗址曾出土此类青瓷盒，盒内残留有香脂和香料，
推测是用来存放东南亚香料和香囊的器具。同类带盖小盒在
印坦沉船、井里汶沉船上也有较多出水。

**玻璃瓶残件**
Fragment of Glass Bottle

2003 年南汉康陵出土
残高 9.9、口径 4.2 厘米
玻璃，古时也称"琉璃"，广州是玻璃器传入的主要城市之一，玻璃碎片在广州地区的遗址内常有出土。宋代张耒《琉璃瓶歌赠晁二》中有"番禺宝市"的描述。

琉璃珠
Glass Beads

2009 年越秀区大马站景豪坊工地出土
直径 0.9、孔径 0.2 厘米
作为穿戴配饰，最早来源于古埃及、罗马等地，后来本土逐渐出现了烧制琉璃珠的工坊。

青瓷夹梁盖罐

设计取自南方木桶式样，显得新颖别致。罐盖扣合时，盖上伸出的带孔板片夹于肩上双系空隙处，一端可系绳或插棍作轴，另一端可开启。与此造型相同的夹耳盖罐在唐五代浙江越窑及湖南长沙窑的窑址中均有发现，在五代十国时期湖南、浙江、江苏等地的墓葬及海外如菲律宾、印尼等地也有发现。

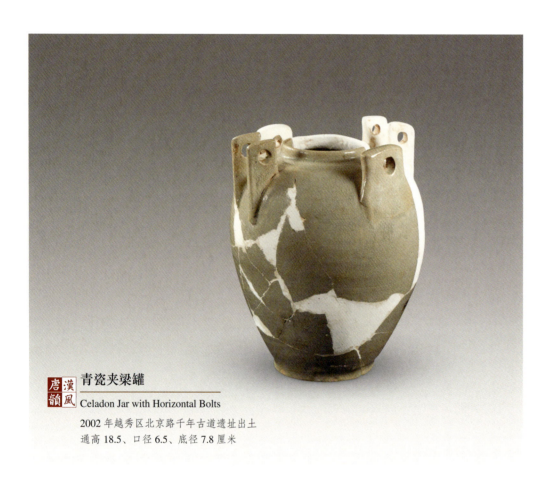

青瓷夹梁罐
Celadon Jar with Horizontal Bolts

2002 年越秀区北京路千年古道遗址出土
通高 18.5、口径 6.5、底径 7.8 厘米

青瓷夹梁罐盖
Celadon Jar Cover with Horizontal Bolts

2003 年越秀区中山四路致美斋工地出土
高 3.0、口径 10.6、长 16.5 厘米

波斯蓝釉陶器

分布地区西起非洲东海岸，东至日本，在我国广州、福州、扬州、宁波、桂林等地都有发现。大多是唐五代时期从西亚引入的，多数作为香油、葡萄酒、蔷薇水等液体的储运容器。

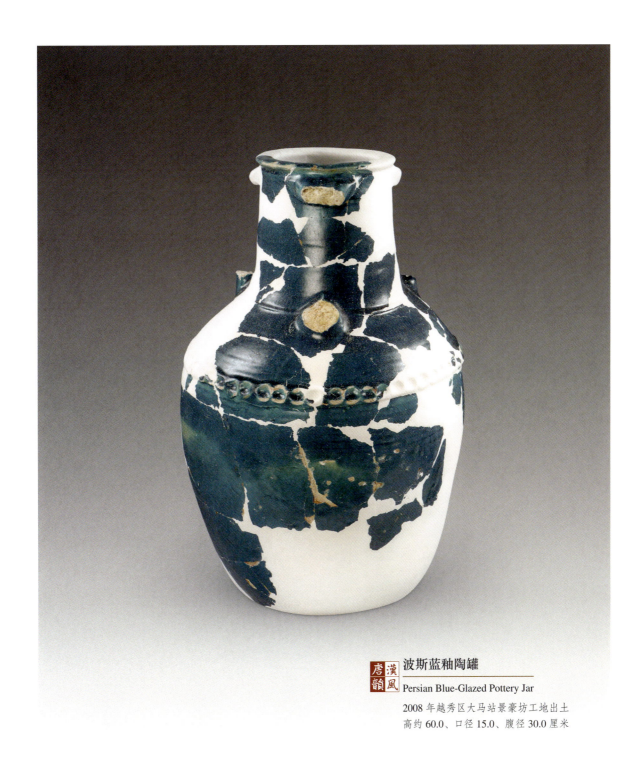

波斯蓝釉陶罐
Persian Blue-Glazed Pottery Jar

2008 年越秀区大马站景豪坊工地出土
高约 60.0、口径 15.0、腹径 30.0 厘米

第二部分　都城兴王府

Xingwangfu, the Capital City of Southern Han

　　刘隐、刘岩在唐代广州城的基础上扩建城池，凿平禺山，将广州城南拓至珠江边。刘岩称帝后定都兴王府，下辖咸宁、常康、番禺、增城、四会、化蒙、怀集、浈水、东莞、清远、洊洭、新会、义宁等县。都城北边为宫苑，珠江南岸则分布着宗庙祭坛和陵园。

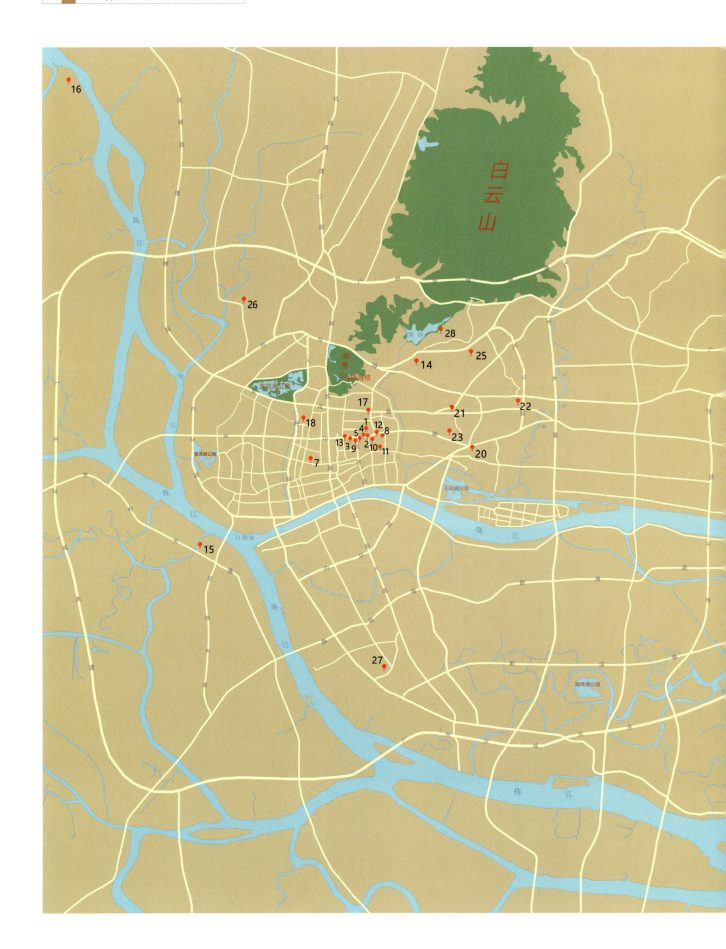

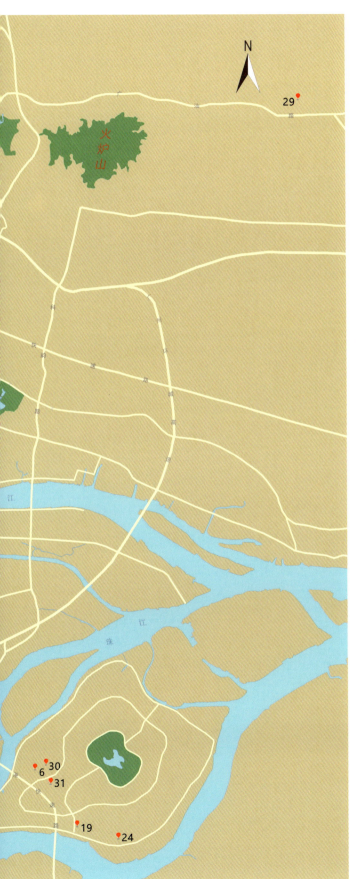

广州市及附近地区五代南汉主要遗迹分布示意图

1. 宫殿基址，2002 年越秀区中山四路原儿童公园（今南越王宫博物馆）发掘

2. 建筑基址，2003 年越秀区中山四路致美斋地块（今万方书画商都）发掘

3. 大型建筑基址，2008 年越秀区中山五路南、大马站路西侧发掘

4. 建筑基址，1999 年越秀区府学电站发掘

5. 建筑基址，2005 年越秀区健民药店（今广百黄金大厦）发掘

6. 昌华苑遗址，2012 年番禺区小谷围岛北亭村发掘

7. 建筑基址和水井，2011 年至 2012 年越秀区南粤先贤馆工地发掘

8. 水关遗址，1994 年东山区德政中路担杆巷南侧发掘

9. 道路遗址，2002 年越秀区北京路发掘

10. 城墙遗址，2007 年越秀区中山四路长塘街西侧（今德雅轩）发掘

11. 河堤遗址，2008 年越秀区中山四路大塘街西侧（今骏文雅苑）发掘

12. 城墙和排水渠遗址，2011 年越秀区鸿晖大厦工地（今东山印象台）发掘

13. 药洲遗址，位于今越秀区教育路

14. 建筑基址，2004 年东山区麓湖路南方电视台发掘

15. 大通寺遗址，2004 年芳村区芳村大道中恒荔湾畔工地发掘

16. 西华寺遗址，2007 年至 2008 年广东省文物考古研究所在佛山南海西华村发掘

17. 建筑基址，2012 年越秀区东风中路与仓边路交汇处发掘

18. 东铁塔、西铁塔，位于今越秀区光孝寺内

19. 水井，2003 年番禺区小谷围岛南亭村沙挞坝发掘

20. 水井，2006 年越秀区中山一路东山口发掘

21. 水井，2007 年越秀区东风东路中山大学肿瘤防治中心工地发掘

22. 水井与窖藏，2007 年越秀区环市东路金东环大厦工地发掘

23. 水井，2007 年越秀区中山二路中山大学医学院内发掘

24. 窑址，2004 年番禺区小谷围岛南亭村河岗山发掘

25. 南汉墓葬，2008 年越秀区太和岗路淘金家园工地发掘

26. 大宝三年刘二十四娘墓，2011 年荔湾区西湾路富力 154 号（今唐宁花园）发掘

27. 乾亨九年李十一郎墓，2016 年海珠区江燕路 268 号地块发掘

28. 大有元年李纾墓，2019 年越秀区横枝岗路广州市胸科医院发掘

29. 昭陵，1954 年番禺县石马村（今黄埔区广汕三路附近）青岗发掘

30. 德陵，2003 年番禺区小谷围岛（今广州大学城）大香山发掘

31. 康陵，2003 年番禺区小谷围岛（今广州大学城）发掘

都城建设

南汉统治者在唐广州城的基础上扩建城池，将都城范围南扩至珠江边，形成三面环水的格局。城外疏通兰湖以停泊舟楫。城内北边为宫苑区，南边以今北京路为中轴线。城内用水主要依靠挖凿的水井和从城外引入的甘溪支流。

拓展城池

目前考古已发现兴王府的一段皇城城墙，墙体一般由灰黄黏土夯筑，内外壁包砖。内壁墙脚还有用卵石铺砌的散水。

鸿晖大厦工地皇城城墙内壁包砖

德雅轩工地皇城城墙内壁包砖与散水

 陶球

Pottery Balls

2004 年越秀区广卫路停车场工地出土

直径 6.5 ～ 13.4 厘米

可远距离投掷，既可以作为城墙的防御工具，也可以作为攻城的兵器。雏形为旧石器时代用作狩猎武器的石球。

 **陶蒺藜**

Pottery Caltrop Traps

2011 年越秀区中山四路东山印象台工地出土

直径 7.0 ～ 10.0 厘米

蒺藜是一种果瓣上带刺的植物。春秋战国时期就已仿照其形制制作青铜、铁、陶及竹木材质的蒺藜用于战争。将其散布在地上，蒺藜刺可阻拦战马、士兵前进，多储备于城墙之上。

 **凹面砖**
Concave Brick

2005 年越秀区中山四路旧仓巷城投大厦工地出土
残长 22.0、残宽 22.0、厚 4.5 厘米

 **青灰素面砖**
Plain-Colored Brick

2011 年越秀区中山四路东山印象台工地出土
长 37.0、宽 18.0、厚 5.0 厘米

鬼面瓦
Tile with Ghost Face Pattern

2011 年越秀区中山四路东山印象台工地出土
残长 27.0、宽 26.0 厘米

浮雕獠牙，横眉竖眼，神态凶煞，额头上刻有"王"
字，应为虎面。古人认为虎是祥瑞，可以镇鬼辟邪。

都城道路

　　北京路自唐代成为广州城的中轴线，南汉时也是兴王府的南北向中央大街，推测其北端正对宫城正南门，南端通向皇城正南门——鱼藻门。考古发现的南汉路面距现代地表以下约 2.3 米，用砖铺砌。

北京路千年古道遗址的南汉路面

 印"刘□"字瓦片

Tile with the "*Liu □*" Inscription

2002 年越秀区北京路千年古道遗址出土

长 8.0、宽 5.6、厚 1.0 厘米

"刘□"字样应为工匠或检验官戳印，确保瓦的质量。

印字板瓦

Plate Tile Engraved with Characters

2002 年北京路千年古道遗址出土

长 8.6、宽 5.7、厚 1.0 厘米

戳印文字砖
Brick with Stamps

2002 年越秀区北京路千年古道遗址出土
残长 13.9、宽 18.8、厚 4.0 厘米

长条砖
Long Brick

2002 年越秀区北京路千年古道遗址出土
长 25.5、宽 10.5、厚 3.8 厘米

 刀砖

Knife Brick

2002 年越秀区北京路千年古道遗址出土

长 20.0、宽 13.5、厚 3.8 厘米

榫头砖

Brick with Tenon Joints (*Sun*)

2002 年越秀区北京路千年古道遗址出土

长 17.0、宽 14.0、厚 3.5 厘米

砖的侧面有突出的榫头，与另一块砖的卯眼相

衔接，使之更加牢固平稳。

都城水系

南汉兴王府南临珠江，东面以文溪为护城河，西面以扩建的西湖作为屏障，水关和壕沟组成了防御体系，河道为城内外交通提供了便利。城内池苑密布，水井为城内居民提供了基本生活用水，明渠、暗渠共同构成供水和排水系统。

南汉水关遗址

位于广州市德政中路中段担杆巷南侧，1994 年发掘。水关即城墙下的排水涵洞。水关遗址迭压在唐代木构基址之上，为长条形砖砌券顶的隧洞形式，南北向。砖券长 10 米，券墙外宽 4、内宽 1.4 米，券拱厚 1.1～1.2 米。出水口在南面，入水口在北面。出入水口两头还有木柱与厚板构成的接引段，即在水口两边各直竖几根木桩，内衬厚木板组成。券墙已遭严重毁坏，仅存两边起券的部位。南面出水口的券墙墙基内，埋设一条地栿，为方条硬木，地栿上当中镶嵌一块铁板，上列 5 个菱形方孔，用来插入铁栅栏。券墙内外发现不少古代的钱币，除了少许"开元通宝"铜钱外，均为南汉的"乾亨重宝"铅钱。而在砖券缝中发现的南汉铅钱许多质薄如纸，多是直径仅 1 厘米的小钱，是有意掺入的，或有某种迷信的意思。

水关出口的栏板木桩

水关闸口木和铸铁栅板

水关底砖与券拱

南汉兴王府皇城水渠

位于中山四路南侧鸿晖大厦建设工地，2011 年发掘。西北距南汉宫殿区池苑遗址约 200 米。水渠遗址内宽 1.4、残长 33 米，从南汉东城墙下穿过，城墙下为涵洞式暗渠，涵洞两端设置栅栏，城墙内外为露天明渠。该遗址属于南汉兴王府的大型排水设施，其规模较大、结砌讲究，应与南汉城墙同时规划和建设，根据走向和建筑规格推测，可能与南汉宫殿区排水设施相连。

南汉水渠遗址

水渠内壁砖砌结构

水渠闸口木制地栿

南汉水井

位于惠福西路五仙观西侧与甜水巷之间，2012 年发掘。水井井坑为圆形，直径 1.85、残深 2.2 米。井壁用黄红网纹砖砌成，砌法复杂多样。水井的上部由特殊材料调和以粘接砖壁，使水井结构更为牢固。

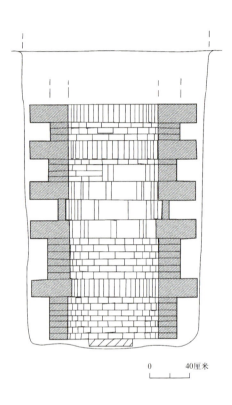

0　　40厘米

南汉陶水管道

出土于南汉王宫遗址。

南汉王宫遗址管道遗迹

陶水管

Pottery Drainage Pipeline

2012 年越秀区惠福西路南粤先贤馆工地出土

高 23.0、残长 84.0、体宽 41.0 厘米

内刻有"四佰四十二"字样，用于城市排水，两端有榫卯用以连接使用。

宫殿苑囿

南汉时期，统治者在城内外修建了许多华丽的宫殿和苑囿。宫殿气势雄伟，装饰华丽；苑囿楼台交错，水石清华。

玉堂珠殿

王宫位于兴王府城内北部，史载有乾和殿、昭阳殿、万政殿等多座宫殿。宫殿区东部为皇家内苑，有楼台池沼，是休闲游乐的地方。今北京路、中山四路一带发掘出南汉宫殿基址和池苑遗址。

南汉一号宫殿磉墩

南汉二号宫殿墩台南侧青石板包边

南汉二号宫殿北庭院铺地砖面

柱础石

　　为柱子下面安放的基石，在中国传统砖木结构建筑中用以负荷和防潮，可防止建筑物塌陷。

 十六狮柱础石
Pillar Base with Patterns of Sixteen Lion Figures

南越王宫博物馆藏
高 55.3、底座边长 114.7、宽 113.6 厘米
南汉王宫出土的十六狮柱础石由整块石灰岩雕凿而成。柱础下部刻覆莲花瓣纹，上部雕凿十六头蹲坐的狮子，是南汉石雕的精品之作。

砖

根据砖的形状不同，可分为长方砖、方砖。按用途的不同又可分为铺地砖、垒脊砖、贴面砖等。

 蝶恋花纹方砖
Floor Tile with Butterfly Pattern

南越王宫博物馆藏
长 35.8、宽 35.0、厚 3.5 厘米
铺地砖纹样各具特色，主要用于铺设宫殿庭院地面。

 双凤神兽纹方砖

Floor Tile with Double Phoenixes and
Mythical Creatures Pattern

南越王宫博物馆藏
边长 35.0、厚 4.0 厘米

 黄釉莲花纹方砖

Yellow-Glazed Floor Tile with Lotus Pattern

2003 年越秀区中山四路致美斋工地出土
残长 21.2、残宽 20.6、厚 4.2 厘米

 雕花砖

Brick Carved with Flower Pattern

2003 年越秀区中山四路致美斋工地出土
残长 8.0、宽 6.9、厚 4.0 厘米

 绿釉垒脊砖

Green-Glazed Ridge Tile

2003 年越秀区中山四路致美斋工地出土
残长 15.5、宽 14.3、厚 2.5 厘米

用于垒砌屋脊，砖的收分一侧边沿施绿釉。唐、
宋时期建筑屋脊多用瓦条垒砌，用砖垒砌的
式样较为少见。

板瓦

　　板状，略有弧度，覆盖屋顶用于防雨隔热。有素面、青釉、绿釉、黄釉四种，背面有制作时遗留的麻布纹。

绿釉板瓦
Green-Glazed Flat Tile

2003 年越秀区中山四路致美斋工地出土
残长 28.2、残宽 20.9 厘米

青釉板瓦
Green-Glazed Flat Tile

2003 年越秀区中山四路致美斋工地出土
残长 30.0、宽 23.5、厚 1.5 厘米

筒瓦

呈筒状，与板瓦扣合，用于遮挡板瓦之间的缝隙。南汉建筑遗址出土的筒瓦有素面、青釉、黄釉、绿釉四种。

 青釉筒瓦
Green-Glazed Cylindrical Tile

2003 年越秀区中山四路致美斋工地出土
高 8.0、瓦舌长 4.3、瓦筒长 29.5、宽 13.7 ～ 15.0、胎厚 1.3 厘米

 青釉筒瓦
Green-Glazed Cylindrical Tile

2003 年越秀区中山四路致美斋工地出土
残长 35.6、残宽 14.8、厚 1.5 厘米

黄釉筒瓦

Yellow-Glazed Cylindrical Tile

2003 年越秀区中山四路致美斋工地出土
残长 29.8、宽 15.7、厚 1.7 厘米

**筒瓦**

Cylindrical Tile

2003 年越秀区中山四路致美斋工地出土
残长 33.0、宽 16.4、厚 1.2 厘米

滴水瓦

位于檐口板瓦前端，作为檐口遮挡和美化装饰的建筑构件。

双唇板瓦

Flat Tile with Two Lips

2003 年越秀区中山四路致美斋工地出土
宽 23.5、残长 10.4、厚 3.0 厘米

青釉滴水瓦

Green-Glazed Tile for Water Drop

2003 年越秀区中山四路致美斋工地出土
瓦头宽 29.0、胎厚 1.2 厘米

 青釉滴水瓦

Green-Glazed Tile for Water Drop

2003 年越秀区中山四路致美斋工地出土

宽 23.0、残长 8.5、厚 6.5 厘米

瓦当

位于檐口筒瓦前端，作为建筑檐口的遮挡和美化装饰构件。

莲花纹瓦当

中心为莲蓬，外面为莲花瓣，最外围一圈为联珠纹带。莲花纹广泛应用于宫殿、官署、寺庙、陵寝等建筑物上。

 莲花纹瓦当
Tile End with Lotus Pattern

2003 年越秀区中山四路致美斋工地出土
直径 13.2、厚 1.2 厘米

 莲花纹瓦当
Tile End with Lotus Pattern

2003 年越秀区中山四路致美斋工地出土
直径 13.5、厚 1.2 厘米

 **莲花纹瓦当**
Tile End with Lotus Pattern

2003 年越秀区中山四路致美斋工地出土
直径 13.0、厚 1.3 厘米

 莲花纹瓦当
Tile End with Lotus Pattern

2003 年越秀区中山四路致美斋工地出土
直径 14.5、厚 1.1 厘米

 莲花纹瓦当
Tile End with Lotus Pattern

2003 年越秀区中山四路致美斋工地出土
直径 9.6、厚 1.0 厘米

双凤纹瓦当

内圈为首尾相连的双凤，栩栩如生，双翅振展，三枝细长尾羽弯曲如水波纹。凤鸟是祥瑞的象征。

 双凤纹瓦当

Tile End with Double Phoenixes Pattern

2003 年越秀区中山四路致美斋工地出土

直径 14.0、厚 1.6 厘米

 双凤纹瓦当

Tile End with Double Phoenixes Pattern

2003 年越秀区中山四路致美斋工地出土
直径 14.0、厚 1.6 厘米

 双凤纹瓦当

Tile End with Double Phoenixes Pattern

2003 年越秀区中山四路致美斋工地出土
直径 14.8、厚 1.2 厘米

花鸟纹瓦当

泥质灰胎。内圈中间为一朵盛开的莲花，下面根枝连理，两侧各有一形似鸳鸯衔枝。

 花鸟纹瓦当
Tile End with Flower and Bird Patterns

2003 年越秀区中山四路致美斋工地出土
直径 14.0、厚 1.6 厘米

 花鸟纹瓦当
Tile End with Flower and Bird Patterns

2003 年越秀区中山四路致美斋工地出土
直径 13.5、厚 1.5 厘米

兽面纹瓦当

表面青釉呈玻璃光泽。内圈兽面，外圈为联珠纹。兽面顶部为
双犄角，双耳竖立，竖眉圆目，龇牙咧嘴，衔环，面目威严。

 青釉兽面纹瓦当

Green-Glazed Tile End with Beast Face Pattern

2003 年越秀区中山四路致美斋工地出土

直径 14.0、残长 11.7、厚 1.1 厘米

 青釉兽面纹瓦当

Green-Glazed Tile End with Beast Face Pattern

2003 年越秀区中山四路致美斋工地出土

直径 14.2、厚 1.4 厘米

 青釉兽面纹瓦当

Green-Glazed Tile End with Beast Face Pattern

2003 年越秀区中山四路致美斋工地出土

直径 13.5、厚 1.0 厘米

脊饰

屋脊的装饰，有垂兽、蹲兽、鬼面瓦等，部分器物施有黄釉或绿釉。

陶垂兽

垂兽是建筑垂脊前端的兽件，起到装饰和加固屋脊的作用。套筒弧顶近鼻处有两个圆形钉孔，以安装固定插件。

陶垂兽
Pottery Hanging Animal Figurine

2003 年越秀区中山四路致美斋工地出土
通长 37.0、宽 23.0 厘米；套筒高 23.0、内空长
27.0 ～ 31.0、宽 15.6、高 19.8、壁厚 1.5 厘米

 陶垂兽

Pottery Hanging Animal Figurine

2003 年越秀区中山四路致美斋工地出土
通长 35.0、宽 19.0 厘米；套筒高 16.0、内空长
25.5、宽 14.0、高 11.2、壁厚 1.7 厘米

陶蹲兽

蹲兽置于垂兽之前，具有祈祷吉祥、装饰和保护建筑的功能。

陶蹲兽
Pottery Sitting Animal Figurine

2003 年越秀区中山四路致美斋工地出土
高 28.3 厘米

陶兽头

Pottery Animal Head Figurine

2003 年越秀区中山四路致美斋工地出土
残高 11.0、残长 11.9、残宽 11.7 厘米

陶兽头

Pottery Animal Head Figurine

2003 年越秀区中山四路致美斋工地出土
高 16.0、长 16.0、宽 14.2 厘米

鬼面瓦

鬼面瓦是屋顶脊部的饰件，额上中间有一个圆形钉孔，以安置固定插件。起驱邪的作用。

鬼面瓦
Tile with Ghost Face Pattern

2003 年越秀区中山四路致美斋工地出土
残长 24.0、宽 18.0 厘米

鬼面瓦
Tile with Ghost Face Pattern

2003 年越秀区中山四路致美斋工地出土
残长 18.7、宽 18.5 厘米

芳林花事

兴王府城内外兴建了众多的离宫别苑。据康陵哀册文碑记载刘岩"缮营苑囿，想象十洲，鹤立松巅，莺穿花坞，水石幽奇，楼台回牙。万机之暇，翠华爱处，花朝月夕，嬉游辇路"。宫苑内繁花似锦，装点得四季如春，极尽华丽，如仙境一般。

 "芳华苑"铁花盆
Iron Flowerpot from *Fanghua* Garden

广东省博物馆藏

盆高 27.3、口径 30.5 厘米，底座高 5.0、长 25.3 厘米

两侧铸有阳文"大有四年（931年）冬十一月甲申塑造""供奉芳华苑永用"字样。"大有"为高祖刘岩的年号。"芳华苑"位于广州城西，是南汉帝王与宫人宴游的地方。

花药氛氲海上洲

　　药洲遗址位于今教育路与西湖路交汇处，原为南汉"南宫"的一部分。古药洲位于从华宁里延伸至九曜石处的西湖（约今广卫路至西湖路一带）中，为一长条南北向沙洲。南汉时在湖中布列有形态各异的九块奇石，称"九曜石"。此园颇具江南园林特色，历代皆是文人墨客游览之地，留下了许多珍贵的文字材料。

药洲名字由来

　　一说湖中沙洲遍植花药，南汉皇帝在此炼丹求仙，故名药洲；一说为古代"藥"与"禦"通用，北宋时，米芾题名为"藥洲"，本意是指宫廷御苑，此后"药洲"一名沿用至今。

 米芾题"药洲"拓片

Rubbing of "*Yao Zhou*" by *Mi Fu*

北宋（960～1127年）
石刻现存越秀区西湖路药洲遗址
长 43.0、宽 34.0 厘米
北宋著名书法家米芾题刻，楷书，题名"米黻元章题"，
被历代金石界视为珍宝。

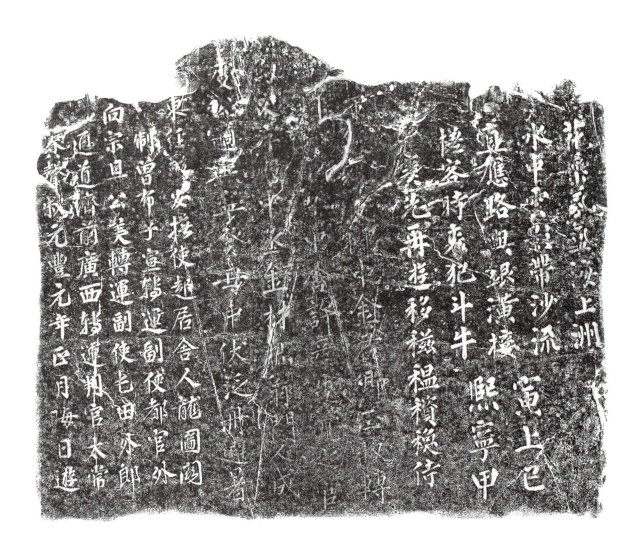

 许彦先题"药洲绝句"拓片

Rubbing of A Poem of *Yao Zhou* by *Xu Yanxian*

北宋（960～1127年）

石刻现存越秀区西湖路药洲遗址

长 105.0、宽 80.0 厘米

诗文内容为北宋熙宁七年（1074年）许彦
先在广南东路任职时游览药洲的即兴之作。
该石因此诗被称为"海上洲石"，历代文
人多有和韵。

花藥氛氲海上洲，水中雲影帶沙流。

直應路與銀潢接，槎客時來犯斗牛。

熙寧甲寅上巳，彥先再遊，移、秫、稐、稹、稢侍

（轉運使度支）郎中金君卿正叔、轉（運判官太子）中舍
許彥先覺之、管（勾文）字殿中丞金材拙翁、門人成（度）公適。
熙寧癸丑中伏泛舟避暑。

（廣）東經略安撫使起居舍人龍圖閣（待）制曾布子宣、
轉運副使都官外（郎）向宗旦公美、轉運副使屯田外郎（沈叔）
通道濟、前廣西轉運判官太常(□)虞聲叔，元豐元年正月晦日遊。

昌华苑里月如霜

史志记载，昌华苑是南汉苑囿之一，每年荔枝成熟时，窗外红云似火，后主刘鋹曾在此设"红云宴"。2012 年，考古人员在番禺小谷围岛北亭村发掘了一处南汉建筑基址，出土了一批青瓷生活用品，奠基坑内出土有"开元通宝"铜钱和南汉铅钱。据史籍记载，昌华宫与德陵相距颇近，且小谷围岛自古盛产荔枝，所以此遗址极有可能是昌华宫或昌华苑的部分遗迹。

昌华苑位置

城西说。约指西关荔枝湾一带，今泮塘、荔湾湖公园之南，其西、南有昌华涌绕之，涌边立"昌华苑"石。

城东南说。即指今小谷围岛北亭村青云里、大道坊附近。清光绪年间梁姓在此建墟市，名为昌华市，后成为小谷围岛蔬菜和水果主要集散市场。

北亭村南汉建筑遗址发掘现场

北亭村南汉建筑遗址奠基坑

 **石饰件**
Stone Ornament

2012 年番禺区小谷围岛昌华苑遗址出土
直径 3.6、厚 1.2 厘米

 **黑釉陶罐**
Black-Glazed Pottery Jar

2012 年番禺区小谷围岛昌华苑遗址出土
高 14.2、口径 18.5、腹径 23.2、底径 18.5 厘米

青瓷花口盘

Celadon Plate with Flower-Shaped Mouth Rim

2012 年番禺区小谷围岛昌华苑遗址出土

高 3.7、口径 16.6、足径 7.2 厘米

青瓷碗

Celadon Bowl

2012 年番禺区小谷围岛昌华苑遗址出土

高 7.2、口径 19.6、足径 6.3 厘米

生活画卷

南汉兴王府市井生活热闹非凡，交汇成一幅社会生活的繁华画卷。兴王府皇城周边发现了众多的建筑基址、水井和臣民墓葬，是当时社会面貌的见证。

日常风物

南汉时期的许多遗址出土了多种样式的碗、罐、壶、陶碾及陈设器等日常生活用具，丰富的器物展现了多姿多彩的生活画卷。

 陶屋顶
Pottery Roof

2006 年越秀区农林上路—横路省老干活动中心工地出土

高 8.1、长 18.5、宽 13.0 厘米

单檐庑殿顶建筑，正脊顶头明显上翘且带有鸱吻残余，说明原先正脊两端都安有鸱吻。垂脊尽头翘起。屋顶有瓦覆盖，侧面装饰有山花。

**水果陈设器**
Fruit Holder

2012 年越秀区惠福西路南粤先贤馆工地出土
高 11.3、足径 7.4 厘米

容器仅剩底部，施青釉，釉层均匀光洁，仅足底无釉。
内有果实 8 颗，施满黑釉。这种以象生水果作为陈设
用的器具，应作供奉使用。

陶碾

Pottery Grinder

2012 年越秀区惠福西路南粤先贤馆工地出土

高 8.5、残长 35.0、口宽 9.4 厘米

可用于碾碎茶叶或者药材。

酱釉瓷器盖

Brown- Glazed Porcelain Cover

1998 年东山区中山一路广铁集团工地出土

高 5.5、盖径 12.5 厘米

上有镂孔，边塑波浪纹，应为香炉盖。

 青瓷碗
Celadon Bowl

2006 年越秀区中山大学北校区学生公寓楼工地出土
高 3.9、口径 16.4、足径 7.0 厘米

 青瓷花口碗

Celadon Bowl with Flower-Shaped Mouth Rim

2006 年越秀区农林上路一横路省老干活动中心工地出土

高 4.0、口径 15.2、足径 7.3 厘米

 白瓷花口碗

White Porcelain Bowl with Flower-Shaped Mouth Rim

2011 年越秀区惠福西路南粤先贤馆工地出土

高 3.5、口径 14.0、足径 5.3 厘米

 青瓷花口碗

Celadon Bowl with Flower-Shaped Mouth Rim

2007 年越秀区东风东路中山大学附属肿瘤医院工地出土

高 4.0、口径 15.3、足径 6.5 厘米

 青瓷碗
Celadon Bowl

2011 年越秀区惠福西路南尊先贤馆工地出土
高 7.0、口径 21.5、足径 10.2 厘米

青瓷碗

Celadon Bowl

1998 年东山区中山一路广铁集团工地出土
高 3.8、口径 16.8、足径 7.2 厘米

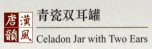 **青瓷双耳罐**

Celadon Jar with Two Ears

2004 年东山区麓湖路南方电视台工地出土
高 15.2、口径 14.9、底径 7.0 厘米

 青瓷四耳罐

Celadon Jar with Four Ears

2005 年越秀区中山五路大马站商业中心工地出土

高 18.8、口径 8.6、腹径 18.1、底径 9.7 厘米

青瓷四耳罐足底留有五指印，应是制作时匠人以手抓住瓷器底部并浸釉留下的痕迹。浸釉是陶瓷施釉技法之一，又称"蘸釉"，是将瓷器坯体浸入釉中进行着釉的方法。

 青瓷罐
Celadon Jar

1999 年东山区较场西路工地出土
高 13.9、口径 9.6、腹径 13.6、底径 8.5 厘米

 **黑瓷罐**
Black Porcelain Jar

2012 年越秀区惠福西路南粤先贤馆工地出土
高 16.4、口径 11.0、底径 10.8 厘米

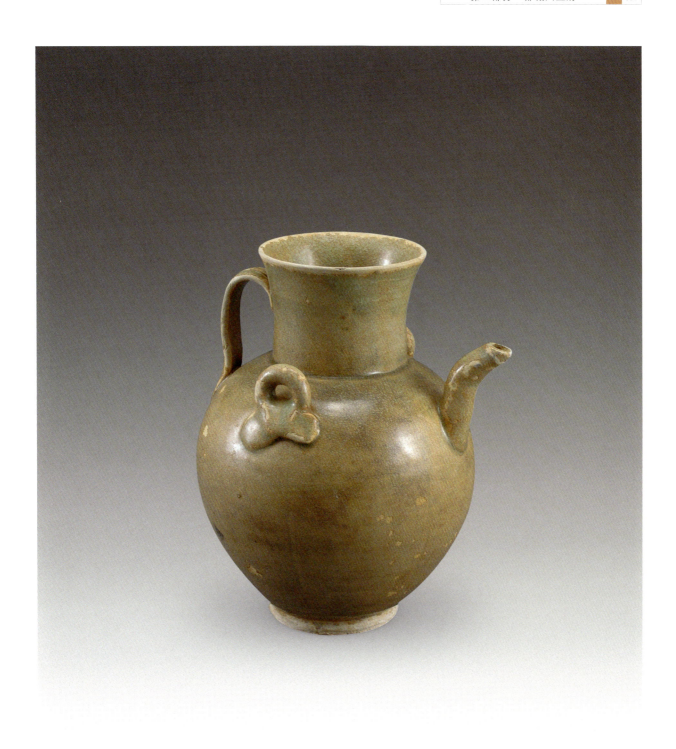

 **青瓷执壶**
Celadon Ewer

2004 年东山区麓湖路南方电视台工地出土
高 21.6、口径 9.8、足径 8.2 厘米

臣民墓葬

兴王府城外，现广州市区的淘金坑、西湾路、江燕路一带发现南汉时期的砖室墓。部分墓葬从形制和随葬器物来看，墓主人应具有较高的社会地位。

刘氏二十四娘墓

位于荔湾区西湾路旧广州铸管厂（现富力唐宁花园）建设工地（编号 M175）。四壁共有12个壁龛，置放青瓷四耳盖罐和青釉四耳罐等，墓内随葬一方石质买地券，载明墓主人为刘氏二十四娘，大宝三年（960年）逝世。

青瓷四耳盖罐
Celadon Covered Jar with Four Ears

2011 年荔湾区西湾路旧广州铸管厂地块 M175 出土
通高 31.6、口径 12.0、腹径 27.2、足径 12.4 厘米

M175 随葬器物

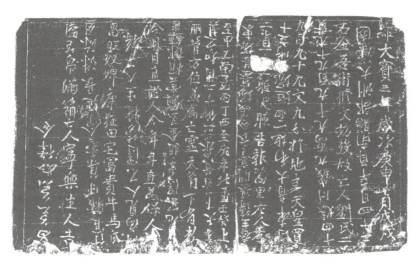

石买地券
Tomb Ownership Certificate

2011 年荔湾区西湾路旧广州铸管厂地块 M175 出土
长 37.5、宽 21.7、厚 2.5 厘米

买地券是一种随葬明器，主要有买地、镇墓和禁断生死三部分内容，其间出现众多带有道教特色的冢墓专职神仙名，券尾有道家符箓。此买地券年代为大宝三年（960 年），墓主人为刘氏二十四娘，券文为一正一反刻写。

维大寶三年歲次庚申七月戊戌二十四日辛酉，南瞻部洲大漢國右金吾街修文坊歿故亡人劉氏二十四娘，用錢九萬九千九百九十九貫九百九十九文九分，於地主天皇買得本音大利地一面造塚，□所立十二肖一□骶，伏聽告報蒿里老人、孝眷主簿、墓門亭長，令護塚墓，其塚東至甲乙，南至丙丁，西至庚辛，北至壬癸，上青天，下至黃泉，並仰十二肖知之。其所管方位並屬亡靈，天符下有勑，□鬼不得爭認。金玉鎮裳，棺槨鎮罡，令月月直證人，令年年直為保人，□□為見人，不得勞撓生人，子孫昌旺，奴婢康強，田宅富貴，牛馬成行，官轖日集，壽命延長，珠玖盈溢，玉帛滿箱，亡人寧樂，生人吉昌。急急如律令！

李十一郎墓

位于海珠区江燕路 268号地块（编号 M3）。四壁下部起生土台，生土台上再砌砖壁。墓壁用砖多为东汉时期的墓砖，无壁龛。随葬青釉四耳罐、青釉碗、石质合同券和地券。墓主人李十一郎，乾亨九年（925 年）逝世。

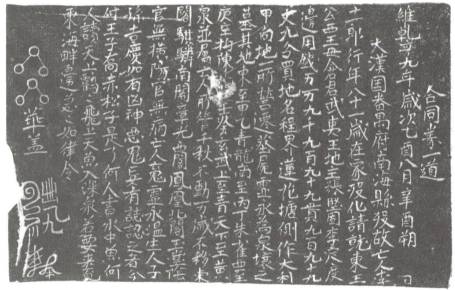

 石合同券
Contract for Cemetery Deal

2016 年海珠区江燕路 268 号地块 M3 出土
长 28.0～28.1、宽 16.9～17.4、厚 1.4～1.7 厘米

合同券一道

　　維乾亨九年歲次乙酉八月辛酉朔日，大漢國番禺府南海縣歿故亡人李十一郎，行年八十一歲，在家歿化，請就東王公、西王母、倉君、武夷王、地主張堅固、李定度，邊用錢萬萬九千九百九十九貫九百九十九文九分，買地名程界蓮花塘側作大利甲向地一所，營遷塋屍。靈永為泉壤之墓。其地東至甲乙青龍，南至丙丁朱雀，西至庚辛枸陳，（北至）壬癸玄武。上至青天，下至黃泉，並屬亡人所管，千秋不動，萬歲不移。東閣騏驎，南閣章光，西閣鳳凰，北閣玉堂。陰官無橫，陽官無病，亡人蔭靈永溫生人子孫吉慶。如有凶神惡鬼，妄有誌認之者，分付王子喬、赤松子。是了何人書？水中魚；何人讀？天上鶴。鶴飛上天，魚入深泉，若要來覓，東海畔邊。急急如律令。

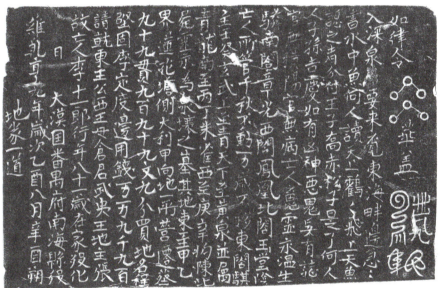

石地券

Tomb Ownership Certificate

2016 年海珠区江燕路 268 号地块 M3 出土
长 27.6～27.8、宽 16.9～17.6、厚 1.4～1.8 厘米
南汉乾亨九年（925 年）立，墓主为番禺南海县人李十一郎，铭文中有东王公、西王母、仓君、武夷王、地主张坚固、李定度、王子乔、赤松子等道教神仙。

地券一道

维乾亨九年岁次乙酉八月辛酉朔日，大漢國番禺府南海縣歿故亡人李十一郎，行年八十一歲，在家歿化，請就東王公、西王母、倉君、武夷王、地主張堅固、李定度邊，用錢萬萬九千九百九十九貫九百九十九文九分，買地名程界蓮花塘側大利甲向地一所，營遷藝屍。靈永為泉壞之墓。其地東至甲乙青龍，南至丙丁朱雀，西至庚辛枸陳，北至壬癸玄武。上至青天，下至黃泉，並屬亡人所管，千秋不動，万歲不移。東閣騏驎，南閣章光，西閣鳳凰，北閣玉堂。陰官無橫，陽官無病，亡人覓靈永溫生人子孫吉慶。如有凶神惡鬼，安有誌認之者，分付王子喬、赤松子。是了何人書？水中魚；何人讀？天上鶴。鶴飛上天，魚入深泉，（若）要來覓，東海畔邊。急急如律令！

 瓷四耳罐
Green-Glazed Pottery Jar with Four Ears

2016 年海珠区江燕路 268 号地块 M3 出土
高 21.4、口径 11.8、足径 14.8 厘米

瓷碗
Green-Glazed Pottery Bowl

2016 年海珠区江燕路 268 号地块 M3 出土
高 4.4、口径 13.8、足径 5.8 厘米

李纾墓

位于越秀区横枝岗路广州市胸科医院内（编号 M3）。为长方形砖室墓，墓室四壁均为双隅结构。墓底铺地砖为单层，用方砖对缝平铺。墓室前端有一个呈横长方形的假前室，也做渗水井用。随葬铜钱、墓志等。墓主人为李纾，大有元年（928 年）逝世。

李纾墓志拓片
Rubbing of Epitaph of *Li Shu*

2019 年越秀区横枝岗路广州市胸科医院 M3 出土
高 83.0、宽 59.0 厘米

墓主人李纾，逝于大有元年（928 年）。李纾，唐代申王、惠庄太子李成义（唐玄宗李隆基之兄）的五代孙，举家南下后辅助刘岩，官至南汉太中大夫，反映了当时北人南迁的重要史实。根据墓志记载，葬地现处的横枝岗当时为兴王府咸康县石子径，为南汉都城研究提供了重要材料。

　　大漢太中大夫守御史中丞兼尚書兵部侍郎上柱國賜紫金魚袋隴西李府君墓誌銘并序。
　　集賢殿學士、文林郎、守尚書戶部郎中、史館修撰、賜紫金魚袋薛絳撰。
　　龍梭顯雷澤之徵，鵲印示孝侯之貴，鍾茲嘉瑞，非英則賢，雅繼伊人，惟隴西府君而矣。公諱紓，字文達，唐朝申王追贈惠莊太子五代孫也。曾祖棟朝散大夫京兆興平縣令。祖翩朝散大夫，鳳、嘉二州牧宗正少卿，衡州刺史。父紹實，許州錄事參軍賜緋魚袋、贈工部郎中。母河東縣君柳氏，有淑德而歸於許州。府君生三子，長曰鸞，次曰絢。公則府君之季子也。公生叶幽詩之夢，幼有老成之風，未弱冠，舉宗正寺明經。㝷年，辟大德防禦推官，試秘書省校書郎。尋為朔（方）搔擾，公舉家南遊，聖上藩邸潛淵，廣招賓彥。首辟公為觀察支使試大理評事。俄遷國子廣文博士、賜緋魚袋。次任諸道供軍指揮判官。洎我朝授命上玄，奄有中夏，拜給事中、判尚書刑部事，轉右諫議大夫、判太常寺事，加左諫議大夫、判匭使，遷御史中丞、兼戶部侍郎，尋轉兼兵部侍郎。公義路康莊，情田浸潤。玉蘊十德，居□瑩澈之容。松挺四時，藹有清涼之韻。器貯達人之量，道弘君子之儒。策名高踵於蘭成，振舉綱從於蓮幕。始芸香而踐位，遽襜服以承榮。爰自赤雀，啟符黃龍。瑞我汪洋，渥澤楊歷。階資之簡色申威，棲日之鳥群著美。舜詔而方容注□，莊椿而忽歎凋零。劉楨初困於臥漳，陶侃俄悲於吊鶴。以大有元年四月十日薨於京師之里第，享年五十有三。皇情袗悼，朝野纏哀，豈比夫秦□不相其眷，鄭郊獨□其織。以其年八月十日窆于興王府咸康縣石子徑，禮也。夫人馮翊嚴氏，禮叶雞鳴之則，孝□□□之風。生一男二女：男景胤，左拾遺，天上石麟，謝家玉樹。侍公之羔也，逾月不解其帶。洎公之薨也，一慟幾至於終，泣血寢苦，槁形骨立。長女適左補闕竇光裕，人之師表，士之準繩，鵠節燋弦，早擅貫心之譽，龍墀鏘珮，咸推造膝之謀。次女未及筓年，皆有父風，俱明女則。初，公之□疾也，而謂其親族曰：余始自從知驟登朝，列位既高矣，身亦貴焉。雖不享年，瞑目何恨椓。公之知□達命，其孰方之，焉得不慮谷變陵遷，聲沉響滅，憂葺不以，絳才非金埒，譽愧鐵錢，再命為文。乃為銘曰：

　　　　英英府君，偉量難測。朱絲之絃，比公□□。
　　　　虹氣之玉，配公之德。令尹子文，喜慍無色。
　　　　北宮文子，威儀可則。蓮府從事，柏臺苾官。
　　　　粹容嶽峙，雅操霜寒。禍福返掌，榮枯走丸。
　　　　天不慭老，朝野含酸。人之□□，里巷沈瀾。
　　　　巘巘蒿里，蕭蕭松塢。仙鶴指地，靈禽衡土。
　　　　不（封）不樹，□□如岵。瘞公貞魂，千古万古。

大漢太中大夫守御史中丞兼尚書兵部侍郎上柱國賜紫金魚袋

隴西縣開國男食邑三百户賜紫金魚袋降階撰

龍驤顯雷澤之徵鵲印示孚侯之貴鍾兹嘉瑞非英則賢雅繼伊人惟
隴西府君而吳公諱符字文達唐朝申王遘贈惠慈太子五代孫也曾祖棟朝散太夫京兆平縣令祖翊
朝散大夫風嘉二州牧宗正少卿衡州剌史父弼寶許州錄事參軍賜緋魚袋鄱工部史迴河東縣君叔胡氏有
德而嵺於許州府君生三子長曰藥次曰昀賜緋魚袋子也公生叶逈詩之夢幼有左
成之風夣弱舉宗正寺明經其年屬天德防禦公為觀察支使試大理評事俄遷國子廣文贈士賜緋魚袋次任道侯軍
聖上藩邸潛廳廣招�首碎公别府君孝友翔擼周旋鑑擾公舉家商遷道侯軍
拊循判官命上京奮有中臭絆給事中判尚書利部事轉右諫議大夫判太常寺時加左諫議大夫判画使遘御史中
丞萬户部侍郎尋轉魚兵部侍郎而拈路蒼狐情田漫潤王蘊十德咎然望之容松涘四時蕭有清漌之
韻器貯達人之量　公舉路高躍於蘭成而戕位遘樓始芳香而殘位遘樓服
以承紫愛自亦舍　振髮徙於蓮幕始芳香而殘位遘樓服
我王利　啟符黃龍端
滏澤楊經賠省之蘭菟前庱樓曰之烏駢著髮
即運舛悼朝野輝及莒七相其養郲郤獨彌以大有元年四月十四日見於
礼也　皇悄韓朝野煇及莒七相其養郲郤獨彌　舜詰而方咨注樓而恩歡湖零劉損初圍於
礼也　夫人遍胡氏禮吁雞鳴之剛甞　京師之里勞享年五十有三
别而　公之慈也逾月不辍其帶泗河　興王府咸康縣石子侄
恨惶　人之師表士之準繩紹鵑強早枝貨心之譽　即日空卒日卒遘天上石階謝家王禮喈
乃為銘曰　公之慕也而謂其嗣義夬曰余始自從知　左補閾曾光給女亦青爲雖不享年雖有父風俱朗何
　　知濺疑達命其孰方之爲得不瞏谷藝遒蠻滅娈葬不以降千非金琳譽慨緻彼冉命爲文
英英府君　候也而靈護遭沉瑩滅娈葬不以降千非金琳
嶽峙雅操霜集　龍埠辦珮咸埭遘胘之　朝列挎戳黃炙吹女来奀箏年嘗有父風俱朗何
令尹子文　比宫之凶　朝列挎戳黃炙吹女来奀筭　檜福返掌
　　威儀可瞻　蓬泸徙事　
里蓉沈淵　　天下慈恙　
樹醫蒿里　北蒼送丸　　
　　公貞魂　自量位官　
癘　仙鶴指地　人之宗　
如岵　　靈禽懒	　棤楸
　　　千古万古

 陶多角罐

Pottery Jar with Multiple Pointed Edges

2008 年越秀区太和岗路淘金家园工地 M113 出土

通高 26.2、口径 10.5、腹径 25.8、足径 15.6、盖高 5.3、盖径 14.8 厘米

多角罐为唐至五代流行的器形，由三国、两晋时的谷仓罐演变而来。造型为上小下大弧形多重塔式器身，每级装饰多个突出圆锥角。吴地方言中"角""谷"音近，故多角又寓"多谷"，江浙一带民间取其"五谷丰登"的吉祥之意。

陶盒

Pottery Container

2008 年越秀区太和岗路淘金家园工地 M113 出土

通高 13.7、口径 13.0、底径 8.6、盖高 7.0、盖径 12.6 厘米

陶四耳盖罐

Pottery Covered Jar with Four Ears

2008 年越秀区太和岗路淘金家园工地 M88 出土

通高 26.7、腹径 24.5、底径 16.3、盖高 5.8、盖径 13.6 厘米

腹部偏下堆塑波浪纹，其下刻划花叶纹。

第三部分　考古现三陵

Three Mausoleums of Southern Han

　　南汉历三世四主。刘岩立国称帝后，追尊其兄刘隐为烈宗襄皇帝，其陵名德陵。高祖刘岩逝后葬于康陵。殇帝刘玢被其弟刘晟所弑，不见有陵记载。中宗刘晟葬于昭陵。后主刘鋹被宋所俘，死后葬于今韶关曲江狮子岗，至今还未发现其墓。目前德陵、康陵和昭陵都已经过考古发掘，展现在世人面前。

德陵

（乾和）二年夏，遣洪昌祠襄帝陵于海曲，至昌华宫。

——（北宋）欧阳修《新五代史》

德陵为烈宗刘隐的陵墓（襄帝陵），位于番禺区北亭村青岗北坡（今广州大学城华南师范大学内），2003 年发掘。

烈宗刘隐

刘隐（873～911 年）是南汉政权的奠基者，历经唐、后梁两朝，实际掌握着岭南东道地区的控制权，由封州刺史升任至南海王，乾亨元年（917 年）被刘岩追尊为烈宗襄皇帝。

发现德陵

德陵坐南朝北，为竖穴土圹砖室结构，由墓道、封门、前室、过道和后室组成。该墓多年来屡经盗扰，但因其器物箱靠近墓道封门处，里面放置的 190 件青瓷罐和82 件釉陶罐得以完整保存。

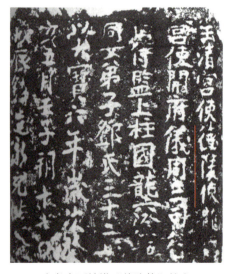

光孝寺西铁塔"德陵使"铭文

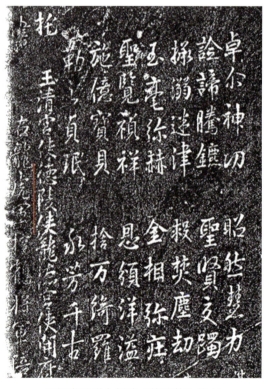

云门寺弘明大师碑"德陵使"铭文

德陵墓室全景

德陵墓室券顶外壁

德陵墓室后壁

德陵墓道器物箱

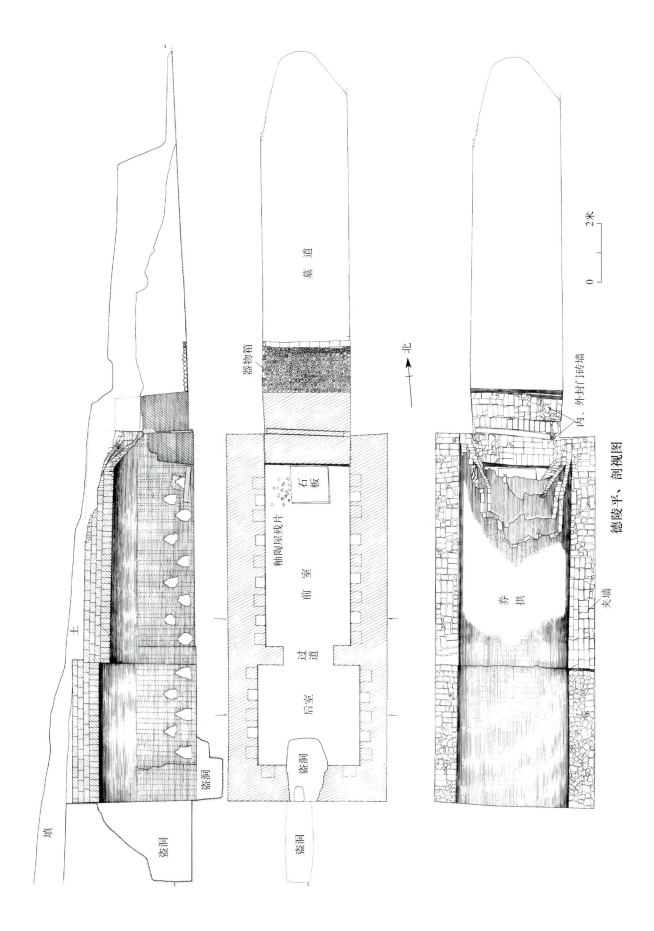

德陵平、剖视图

　　德陵出土的这批青瓷器，是广州第一次发现如此众多的五代瓷器。其胎质坚硬，釉色青中闪灰、晶莹透亮，为研究五代十国陶瓷器提供了珍贵的实物资料。

青瓷四耳盖罐
Celadon Covered Jar with Four Ears

2003 年南汉德陵出土
高 11.0、口径 6.8、腹径 14.3、底径 7.3、盖高 4.5、盖径 9.0 厘米

青瓷罐
Celadon Jar

2003 年南汉德陵出土
高 10.8、口径 7.0、腹径 14.7、底径 7.7 厘米

 青瓷罐
Celadon Jar

2003 年南汉德陵出土
高 10.0、口径 7.0、腹径 14.9、底径 7.4 厘米

 **青瓷盖罐**
Celadon Covered Jar

2003 年南汉德陵出土
高 10.7、口径 7.5、腹径 14.8、底径 7.3、盖高 3.6、盖径 8.7 厘米

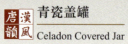 青瓷盖罐

Celadon Covered Jar

2003 年南汉德陵出土
高 9.6、口径 7.0、腹径 13.6、底径 6.0、
盖高 4.0、盖径 8.5 厘米

 绿釉陶罐
Green-Glazed Jar

2003 年南汉德陵出土
高 8.8、口径 6.8、腹径 8.6、底径 5.0 厘米

绿釉陶罐
Green-Glazed Jar

2003 年南汉德陵出土
高 8.0、口径 6.0、腹径 7.8、底径 4.8 厘米

五代闽国刘华墓

位于福建福州莲花峰下，1965年发掘。墓主人刘华（896～930年），为刘隐次女，嫁与闽王王审知次子王延钧（即王鏻），随葬墓志明确记载了南汉国世系及其与闽国的关系。墓内还出土了一批精致的陶俑，有女俑、男俑、鬼神俑、人首兽身俑等，对五代十国时期历史研究有重要价值。

刘华墓随葬陶俑

①墓道　②前室　③后室　④封门
⑤平台（棺床）　⑥"腰坑"　⑦壁龛
⑧封土　注：墓道是示意图

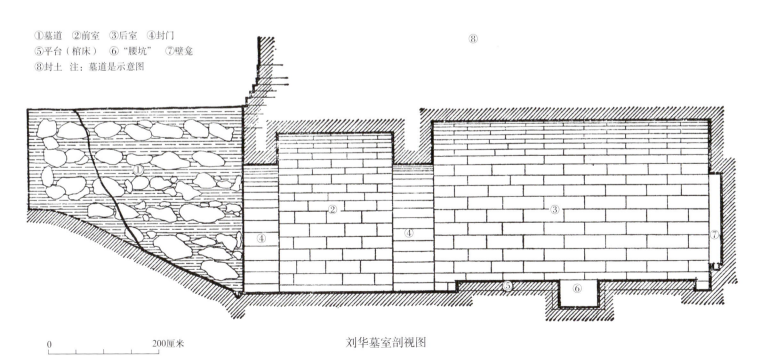

0　　　　　　200厘米

刘华墓室剖视图

戴风帽执物陶女俑

Female Pottery Figurine with A Hat in Holding Posture

1965 年福州五代闽国刘华墓出土

福建博物院藏

高 100.2 厘米

容貌端庄，服饰、姿态与双髻执物女俑相似，头戴风帽。

风帽用于御寒挡风，一般在出行时使用。

双髻执物陶女俑

Female Pottery Figurine with Two Topknots in Holding Posture

1965 年福州五代闽国刘华墓出土

福建博物院藏

高 104.4 厘米

身穿圆领宽袖长袍，向右开衿，两侧下开衩露内衣，腰束带，足蹬尖头鞋，双手作执物状，头梳小髻鬟。这种双髻鬟一般为未出阁的少女或是侍婢所梳，从装束和神态上看，应为宫女。

高髻拱手陶女俑

Female Pottery Figurine with Updo

1965 年福州五代闽国刘华墓出土

福建博物院藏

高 53.2 厘米

服装沿袭了唐代妇女盛行的广袖大衣，穿抹胸，披帛，着云头鞋。

头上梳着晚唐五代时期流行的扇形高髻，两侧微露鬓发。

 戴"王"冠执物陶男俑

Male Pottery Figurine with a Head Scarf in Holding Posture

1965 年福州五代闽国刘华墓出土
福建博物院藏
高 65.3 厘米

身着对襟式交领广袖公服。腰系长带，垂于足下，带尾
作剑形。头戴状如"王"字冠的帽子。服饰打扮与南唐
二陵出土的内侍俑相似，应当为宫中内侍一类的人物。

康陵

（大有）十五年，龑卒，年五十四，谥天皇大帝，庙号高祖，陵曰康陵。

——（北宋）欧阳修《新五代史》

康陵为高祖刘岩的陵墓，位于番禺区北亭村大香山东南坡（今广州大学城康陵路附近），2003 年发掘。

高祖刘岩

刘岩（888～942 年）是南汉国的建立者，他继承父兄基业，开启了南汉对岭南地区长达 55 年的统治，在岭南地区发展史上挥下了浓墨重彩的一笔。但是，其统治后期施酷刑、重佛道以维护统治，也为南汉的覆灭埋下了隐患。

再现康陵

康陵北距德陵约 800 米，依山而建，陵园坐北朝南，主要由陵墓（玄宫）及地上建筑（陵台），四周的围垣（神墙）、角阙和陵门，以及陵门南面的廊式建筑组成，陵台北部及两侧、西南角阙外侧均设有排水明沟，陵园南部有跨南垣的砖砌暗渠。

康陵玄宫筑在陵台正下方，为长方形多重券顶砖室结构，由墓道、封门、甬道、前室、过道、中室和后室组成。在前室当门横立一块完整的"高祖天皇大帝哀册文"碑，可确认墓主为南汉高祖刘岩。

南汉康陵是我国首次发现的五代十国时期陵园建筑，其营建形式特别，圜丘形陵台形制独特，为我国古代陵寝制度的研究提供了重要实例。

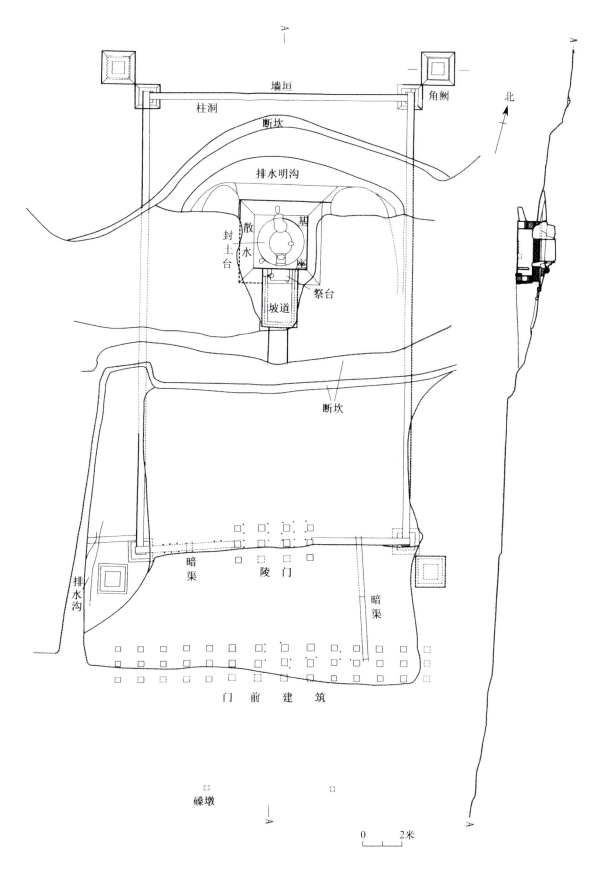

康陵陵园平、剖面图

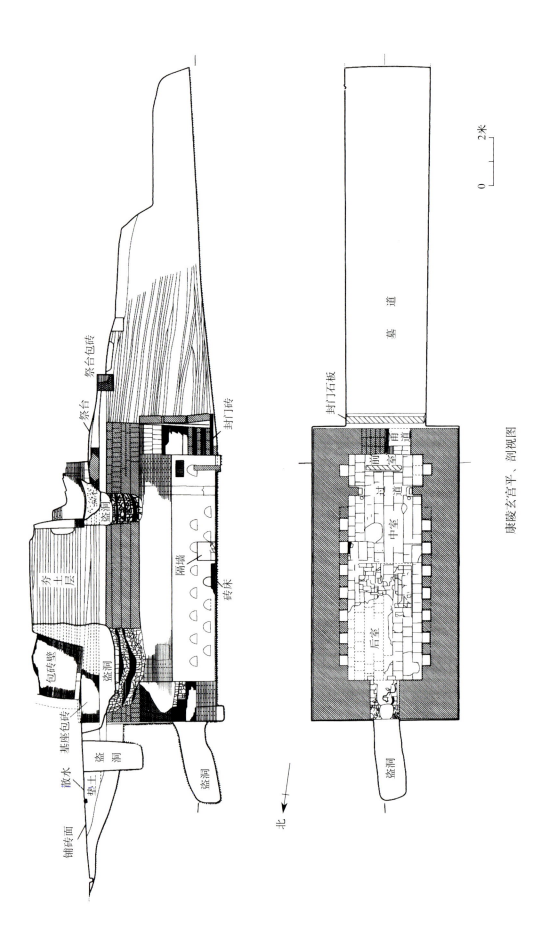

康陵玄宫平、剖视图

康陵陵园北区

康陵东北角阙

康陵陵台

康陵哀册文碑当门而立

高祖天皇大帝哀冊文

翰林學士承旨、銀青光祿大夫、行尚書左丞、知制誥、上柱國、范陽縣開國男、食邑三百戶、臣盧應奉勅撰并書。

維大有十五年，歲次壬寅，四月甲寅朔，二十四日丁丑，高祖天皇大帝崩于正寢，粵光天元年九月壬午朔、二十一日壬寅遷神于康陵，禮也。符卯金而叶運，紹斬虵之開基，覆同軋建，載並坤維，法成周而垂範，稽世祖而作則，構大業而云終，偃巨室而不惑。嗣主仁孝，俛俛阼階，抑情登位，感結疾懷，動遵遺詔，詎隟俄頃，六府三事，肅然修整，億兆乂謐，家國鍾慶，痛深茹慕，啟引神皋，衘恤頒詔，命臣擒毫。伏惟高祖天皇大帝，日月孕靈，星辰誕聖，爰本玄符，式隆景命，經天緯地，武庫文房，搓堯拍舜，邁禹超湯，君臨萬國，星躔三紀，四海鏡清，九州風靡，開物成務，知機其神，光宅寰縣，司牧蒸民，惠施五車，葛洪萬卷，聽朝之餘，披覽罔倦，損益百氏，笙簧六經，東西飛閣，周孔圖形。命鴻儒以臨莅，選碩生而雛挍，鄙束晢之補亡，陋鄭玄之成戲。奮藻兮，魏文收譽；揮毫兮，齊武藏名。品量舛謬，別白重輕。禁暴戢兵，謳謌獄訟，龍韜虎韜，七擒七縱。扼腕北顧，中原多事，吊伐在懷，未伸睿志。炅炅王業，巍巍皇猷，三王可擬，五帝難儔。天縱聰明，凝情釋老，悉箑淵微，咸臻壺奧。譚玄則變化在手，演釋乃水月浮天，神游閬菀，智洞竺軋。若乃陰陽推步，星辰曆數，仰觀俯察，罔失常矩。此外留情藥品，精究醫書，或南北臣庶，或羽衛勤勞，疾瘵所縈，御方救療，名醫拱手稽顙，神妙將聖多能。視民如傷，朝野抃蹈，億兆懽康，多才多藝，允文允武，戡難夷凶，櫛風沐雨。嗚呼哀哉，天機秀異，韞藉風流。繕營菀囿，想像十洲，鶴立松巔，鵞穿花塢，水石幽奇，樓臺迴牙。萬機之暇，翠華爰處，花朝月夕，嬉遊輦路。灾纏陽九，不裕中春，鍼石藥餌，俻盡精臻，晨昏問堅，拱默而退，有加無瘳。導揚遺制，爰命嗣王，守位承祧，彝倫弗紊。祖述唐堯，遠法成周，近遵孝惠，懿範具存，

丕訓罔替，中外庶務，悉稟謨猷。嗚呼哀哉，玉音在耳，大漸弥留，億兆號天，如喪考妣，攀髯不及，摧殞而已，叶從龜筮，先遠有期。玄宮將閟，龍輴在茲，休列耿光，與天攸久，刻諸貞珉，萬年不朽。

其詞曰：

帝堯貴冑，鯈龍受氏，豐沛建旗，南陽倔起。
代不乏聖，軋亨紹位，澤被八埏，鏡清三紀。其一
開物成務，知機其神，龍飛紹漢，虎視窺秦。
勵兵餝馬，睿志未伸，梯山航海，募義歸仁。其二
嚴敬在躬，先敦柴燎，列聖立祠，禮同九廟。
祖考來格，靈鑒洞照，美矣孝思，光遠有耀。其三
鑽研百氏，踩躪六經，對峙飛閣，周孔圖形。
乙夜披覽，循環罕停，群儒惕息，悚懼靡寧。其四
王業艱難，開基定霸，櫛風沐雨，早朝晏罷。
經營四方，牢籠九野，事出機先，策無遺者。其五
損益三代，商較百王，重輕黍累，剖析毫芒。
風馳雄辯，電疾雌黃，至鑒罔測，至智難量。其六
將聖多能，博通術數，君臣藥品，陰陽推步。
太史膽摺，和緩色沮，宣召敷敷，拱默無語。其七
聖文英武，帝業王猷，黃石三略，洪範九疇。
志期席卷，牧馬休牛，睿志未就，大漸弥留。其八
嗚呼哀哉！
逸致高情，風流韞藉，齊武藏名，魏文減價。
不世英才，挺生王霸，青史已編，淺臾曷寫。其九
嗚呼哀哉！
龍輴啟引，將閟玄宮，式揚文德，爰紀武功。
福流嗣主，車書混同，刻石獻頌，永播無窮。其十

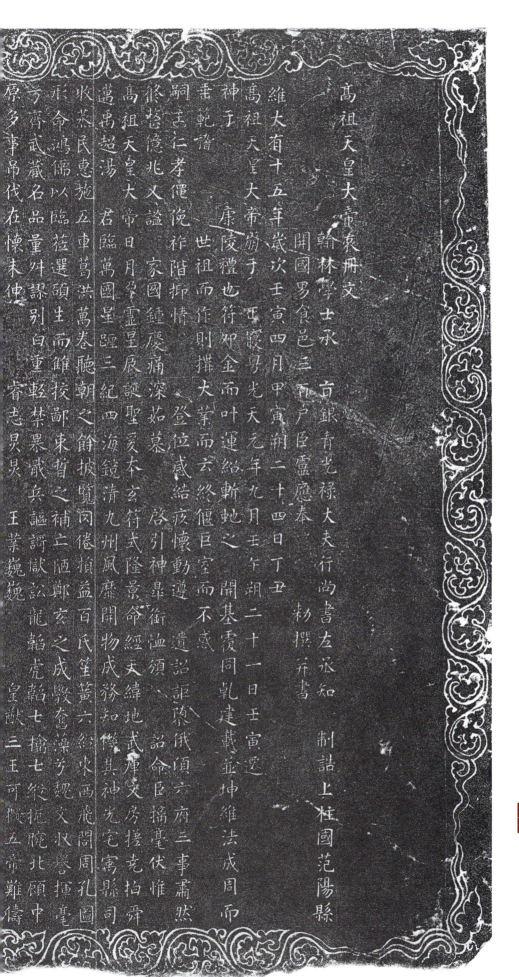

高祖天皇大帝哀册文

翰林學士承　旨銀青光祿大夫行尚書左丞知　制誥上柱國范陽縣開國男食邑三百戶臣盧應本奉勅撰并書

維大有十五年歲次壬寅四月甲寅朔二十四日丁丑午胡二十一日壬寅還

高祖天皇大帝崩于王殿四月光天元年九月壬午胡二十一日壬寅遷

神主康陵禮也符卯金而叶運紹斬地之開基覆同乾建載並坤維法成同而

世祖而作則攝大業而云終偃巨室而不惑遺詔詎珠似頌六府三事蕭然

嗣王仁孝僩俛祚階掷情大業而登位感結夜懷動遵遺詔詎珠似頌

終慈憶北又謚家國鍾慶痛深茹慕啟引神皋衛溢頌八詔命臣揄毫伏惟舜

高祖天皇大帝日月爭靈星辰誕聖愛本玄符式隆景命經天緯地武庫受房擢克拍舜

邁禹超湯君臨萬國星踵三紀四海鏡清九州風靡開物成務知懷其神先宅寓縣同

收蒸民惠施五車葛洪萬卷聽朝之餘披覽同倦頹益百氏笙簧六絲束西飛閣周孔圖

形命鴻儒以臨莅選頤生而雖按鄙束晳之補正洒鄭玄之成斆奮藻芳魏文收譽揮毫

原方齊武藏名品量件謬白重輕禁暴戢兵讞謔龍韜虎韜七掄七綏掘腕北顧中

吊伐在懷未伸睿志炅炅王業巍巍龍韜虎韜七掄七綏掘腕北顧中難傷

高祖天皇大帝哀册文碑拓片

Rubbing of the Eulogy Monument

2003 年南漢康陵出土

長 154.0、寬 115.0 厘米

文碑為青灰色石灰岩，側邊刻纏枝蔓草紋，楷書志文。首題"高祖天皇大帝哀册文"，哀册文用成熟的墓誌銘文體，在敘述中夾入駢列的贊頌之辭，最後是四字駢文。

天縱聰明凝情釋老志遵沖徹咸臻靈奧譚玄則變化在手演繹乃水月澄天神造閒莞

智詞笠乃陰陽推步星辰曆數御觀俯察內失常矩此外留情藥品精究醫書或南

北臣庶杵蹈或羽衛勤勞葆察乃醫拱手楷穎神妙將聖多能視民如傷

朝野杵蹈德月夕嬉家十洲鶴三松巔咢掌兇武戲卉凶槻風沐雨鳴叶哀茲天懊秀異蘊藉

風流朝月夕嬉遊草路災纏陽九一花塢水石幽奇樓臺迴互萬撲之暖翠華愛

宸花綵繕營苑囿想象十洲松巔不裕中春鍼石藥餌備盡精臻晨昏問堅拱黙而退

有石如無瘵導遺制命爰祖述唐堯遠法成周近邊孝惠慈範其存玉訓同替中

嗣玉守挺承啓楊桃尋倫弗索爰我玄音在耳久剡諸貞珉萬年不朽其詞曰澤被八埏

氷庶務志禀謨獸鳴呼哀呼王音遠有期代不乏聖泰大漸彌留億兆騧天如喪考妣

攀轅不及須叁龍受氏仁歸務在茲休從龜笠列耿光與天候久刻諸貞珉

帝克貴冑開義物豐沛建旗其神龍飛偓起虎視窺秦禮同九廟祖考来伸
　　　　　　　　　(其一)

鏡鑒清洞照美矢孝思知機在茲光南陽倔紹漢列聖立祠周孔圖形

靈夜披覽經營臺苫循環罕停嚴敬有耀先敦紫燎列聖對峙飛閣擋風沐雨

乙朝晏泰累剖析藥品軍籠雄轡群儒惕息鑽研百氏王莽蹇蹶艱難開基定霸商較百王
　　　　　　　　　(其二)

重輕泰累　　　風馳雄轡　　　悚懼候先　　　王莽蹇艱　　　損益三代

博通術數帝業王茲陰陽推步黃石三略電疾崔黃事出候先糵無遺者至智難量
　　　　(其三)　　　　　(其四)　　　　(其五)　　　　(其六)

聖文英武帝業王茲逸敠高情太史瞻黃洪範九疇和緩色沮至鑒囚測宣呂敷敍將聖多能

大漸彌留鳴呼哀哉青史已編逸敠高情風流韞藉志期藏名齊武啓引牧馬休牛魏文減價
　　　(其八)

挺生王霸福流爰紀武功　　嗣主淺僻昌寫鳴呼哀哉混同龍輈獻頌刻石永播無窮
　　　　　　　　　(其九)　　　　　　　　　　　　　　　　(其十)

睿志未戴不世英士式揚文德

建筑构件

陵园建筑基址的废弃堆积中出土大量的建筑用料，以砖瓦为大宗，说明原有的陵园上应建有配套的地上建筑。

筒瓦

多出土于角阙和围垣。为半圆形，有灰陶和绿釉陶两种，前者为主，后者烧制火候较高，胎质坚硬，仅见于陵台坡道北端的废弃堆积内。

 **筒瓦**
Cylindrical Tile

2003 年南汉康陵出土
通长 30.0、宽 12.0 ～ 14.0、厚 1.2 ～ 1.6 厘米

 **筒瓦**
Cylindrical Tile

2003 年南汉康陵出土
通长 29.5、宽 11.0 ～ 11.5、厚 0.8 ～ 1.3 厘米

素面板瓦

多与筒瓦伴出，呈长方形微弧。灰陶无釉者为主，灰白陶带釉者较少，后者坚硬，烧制火候较高，釉多已脱落。正面无纹，部分有拍打痕迹，背面为布纹。

素面板瓦

Plain-Colored Plate Tile

2003 年南汉康陵出土

长 36.0、宽 20.0 ～ 25.0、胎厚 1.4 厘米

素面板瓦

Plain-Colored Plate Tile

2003 年南汉康陵出土

长 31.4、宽 16.4 ～ 23.6、厚 1.0 ～ 1.4 厘米

双唇板瓦

即"滴水瓦"或"重唇板瓦",主要出土陵台祭台周围,使用于屋顶的椽头。附加堆纹为用手捏制后叠筑于瓦唇外。

双唇板瓦
Flat Tile with Two Lips

2003 年南汉康陵出土
宽 21.0、残长 19.0、厚 1.6 厘米

双唇板瓦
Flat Tile with Two Lips

2003 年南汉康陵出土
残宽 19.5、残长 8.0、厚 1.0 厘米

莲花纹瓦当

有7瓣莲花和9瓣莲花两种，7瓣莲花瓦当均为青灰陶或浅灰陶，质地相对坚硬；9瓣莲花瓦当则多为浅黄陶或浅灰陶，质地相对轻薄。外围饰联珠纹，当面上堆筑莲瓣，中央为莲心。

莲花纹瓦当
Tile End with Lotus Pattern

2003 年南汉康陵出土
直径 12.0、边轮宽 1.0、厚 1.2 厘米

莲花纹瓦当
Tile End with Lotus Pattern

2003 年南汉康陵出土
直径 10.5、边轮宽 1.0、厚 1.2 厘米

莲花纹瓦当
Tile End with Lotus Pattern

2003 年南汉康陵出土
直径 11.0、边轮宽 1.2、厚 0.8 厘米

 莲花纹瓦当
Tile End with Lotus Pattern

2003 年南汉康陵出土
直径 10.0 ～ 12.0、边轮宽 1.2、厚 0.7 厘米

双凤纹瓦当

边轮低于当面，外围饰联珠纹，当面为双凤图案。

 双凤纹瓦当

Tile End with Double Phoenixes Pattern

2003 年南汉康陵出土

直径 11.0、边轮宽 0.6、厚 1.0 厘米

 双凤纹瓦当

Tile End with Double Phoenixes Pattern

2003 年南汉康陵出土

直径 13.0、边轮宽 0.6、厚 1.6 厘米

花鸟纹瓦当

浅灰陶或灰白陶，夹有少量细砂。外围饰联珠纹，当面饰一缠枝莲花，下有展翅的二鸟，鸟首相对。

花鸟纹瓦当
Tile End with Flower and Bird Patterns
2003 年南汉康陵出土
直径 13.0、厚 5.0 厘米

花鸟纹瓦当
Tile End with Flower and Bird Patterns
2003 年南汉康陵出土
直径 12.0、边轮宽 0.8、厚 1.0 厘米

 兽面瓦

Tile with Beast Face Pattern

2003 年南汉康陵出土

长 20.0、宽 17.2、厚 1.2 厘米

出土于东北外角阙南侧。堆塑衔环兽面，似猪，所
衔之环象征张开的大口，上为翘鼻并有鼻孔，两旁
有巨眼，其上为两只招风耳及突起的额头。

兽头瓦
Tile with Beast Face Pattern

2003 年南汉康陵出土
残长 14.5、兽首面残宽 9.3 厘米
出自陵园西南部的废弃垫土堆积中，仅存兽头。

模印砖
Brick with Stamped Decoration

2003 年南汉康陵出土
长 19.0、宽 9.5 厘米

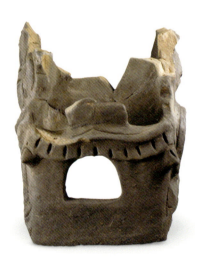

 龙首形垂兽

Dragon-Shaped Hanging Animal Figurine

2003 年南汉康陵出土

高 30.0、长 35.3、宽 22.0 厘米

浅灰胎，施灰黑色陶衣。平面为龙首长方形，形体厚重，内空。

角阙上或有庑殿式顶盖，原物应安置在角阙屋顶脊部。

勾栏

也称栏杆，多用于楼阁亭榭的平座及台阶两侧，一般为木质和石质。康陵出土这一批勾栏构件位于祭台，可能使用于祭台周围或坡道两边。南京南唐栖霞寺舍利塔托生图、宝鸡五代李茂贞夫妇墓端门、敦煌五代壁画中都有此种勾栏的图像。

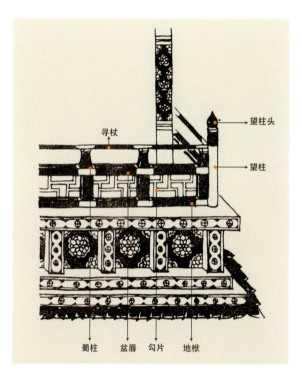

寻杖
望柱头
望柱

蜀柱 盆唇 勾片 地栿

敦煌第 22 窟勾栏（五代）

宝鸡晋故秦国贤德太夫人墓端门上部勾栏

石构件
Stone Components

2003 年南汉康陵出土

左：残长 14.5、宽 8.3、厚 4 厘米；中：残长 15、宽 8.5
厘米；右：残长 14、宽 8.5 厘米

束腰弧腹形构件，为青石条加工而成，是祭台勾栏
的蜀柱部分。

石构件
Stone Components

2003 年南汉康陵出土

左：残长 16.2、宽 11.7、厚 2.3 厘米；中：残长 12.7、宽 10.5、厚 3.9 厘米；
右：残长 9.7、宽 7.6、厚 2.0 厘米

"工"字形构件，全部用青石板制作，均残断。其制法是先将青石板切割成
厚约 2 厘米的薄片，中央再切割呈"工"字状的格棱，而后将切痕磨平，上、
下两端嵌入卯内部分均磨成斜角或凿成凸状榫头。是祭台勾栏勾片部分。

 石构件
Stone Components

2003 年南汉康陵出土

左：残长 13.0、宽 4.5、厚 4.5 厘米；右：残长 11.0、宽 5.0、厚 4.3 厘米

长方形石构件，上端都已残断。一端是榫头或卯槽，利用榫卯结构连接在一起。

 石构件
Stone Component

2003 年南汉康陵出土

左：残长 15.5、宽 8.5 厘米；右：残长 11.5、宽 4.8 厘米

 **石构件**

Stone Component

2003 年南汉康陵出土

残长 21.0、宽 15.5、厚 7.0 厘米

表面横錾至少 4 道凹槽，凹槽上方有如意云纹，
背面较平，粗糙无纹。用途不明，疑为门上构件。

 **石构件**

Stone Components

2003 年南汉康陵出土

左：残长 11.5、宽 6.0 厘米；右：残长 10.0、宽 5.0 厘米

象生水果

陶质，质地坚实，种类有蕉、木瓜、柿子、桃、茨菇、荸荠（bí qí）等，多为岭南本地物种。南汉御苑水池也出土有荔枝、桃、杨梅、李、南酸枣、橄榄、商陆、构树等大量植物种子。

象生水果作为水果的仿真物，在宋代常用于祭祀、宴会等，南宋杨万里《三月三日上忠襄坟》中有"象生果子更时新"的诗句，吴自牧的《梦粱录·四司六局筵会假赁》中记载有果子局负责筹备宴会时专门掌管象生花果。

（南宋）吴自牧《梦粱录》

陶香蕉
Pottery Banana

2003 年南汉康陵出土
长 8.2、最大径 2.0 厘米

陶荸荠
Pottery Water Chestnut

2003 年南汉康陵出土
高 2.3、直径 3.5 厘米

陶桃
Pottery Peach

2003 年南汉康陵出土
高 3.1、最大径 2.5 厘米

陶菠萝
Pottery Pineapple

2003 年南汉康陵出土
高 3.4、最大径 2.4 厘米

陶柿子
Pottery Persimmon

2003 年南汉康陵出土
高 3.9、最大径 3.7 厘米

陶茨菇
Pottery Arrowhead

2003 年南汉康陵出土
高 3.7、最大径 4.0 厘米

陶木瓜
Pottery Papaya

2003 年南汉康陵出土
长 5.1、最大径 2.4 厘米

玻璃器

康陵出土的玻璃器主要有 3 种器形：带竖棱条的短颈玻璃瓶、直口玻璃瓶和侈口玻璃瓶，分为蓝色透明、无色透明、无色透明带有黄色色调、黄绿色透明和绿色透明五种颜色。根据样品检测结果，部分玻璃器属钠钙体系玻璃，来自于国外，其中薄壁器皿很有可能为吹制而成。

吹制玻璃制作方法

使用空心的铁管吹制玻璃气泡，再将气泡转接到末端带有少量黏稠玻璃液体的实心铁棒上。因此形成玻璃器底部内凹并残留连接铁棒的痕迹。

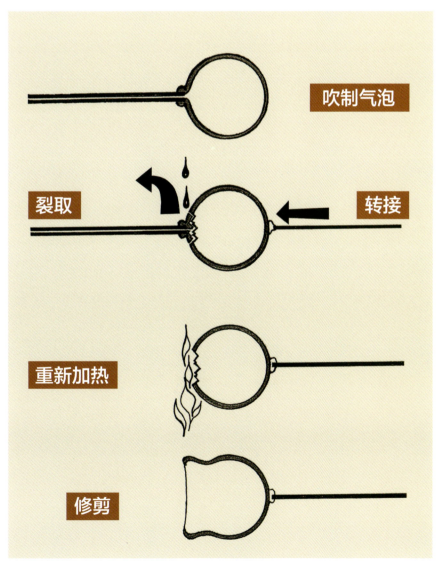

吹制玻璃步骤示意

 玻璃瓶
Glass Bottle

2003 年南汉康陵出土
高 12.2、口径 5.3～5.5、底径 4.7～5.0、壁厚 0.1 厘米

 玻璃瓶口
Glass Bottle Neck

2003 年南汉康陵出土
残高 3.5、口径 3.4 厘米

 玻璃瓶口
Glass Bottle Neck

2003 年南汉康陵出土
残高 4.8、口径 3.8 厘米

 玻璃瓶底
Glass Bottle Bottoms

2003 年南汉康陵出土
上：残高 2.2、底径 5.5 厘米；
中：残高 1.5、底径 5.2 厘米；
下：宽 6.5 厘米

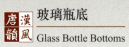 **玻璃瓶底**

Glass Bottle Bottoms

2003 年南汉康陵出土

上：残高 1.4、底径 6.2 厘米；

中：残高 1.5、底径 4.4 厘米；

下：宽 6.0 厘米

瓷器

　　有罐、盒、碗等。以罐类为多，有六耳罐、四耳罐等造型。灰白胎或土黄胎，施青釉、青灰釉、绿釉等，罐身的釉大多脱落。

 青白瓷花口碗

Bluish White Porcelain Bowl with Flower-Shaped Mouth Rim

2003 年南汉康陵出土

高 4.0、口径 12.4、足径 3.4 厘米

花口碗巧妙地模拟了花朵绽放的外形，增加了碗的观赏性。

 青瓷盒盖
Celadon Container Cover

2003 年南汉康陵出土
盖高 2.0、盖径 6.6 厘米

青瓷盒
Celadon Container

2003 年南汉康陵出土
高 8.0、口径 10.7、腹径 12.0、足径 6.4 厘米

 青瓷六耳罐
Celadon Jar with Six Ears

2003 年南汉康陵出土
高 12.3、口径 10.9、腹径 15.6、底径 9.4 厘米

青瓷四耳罐
Celadon Jar with Four Ears

2003 年南汉康陵出土
高 8.2、口径 6.9、腹径 8.6、底径 6.1 厘米

 汉白玉洗

White Marble Washing Bowl for Writing Brushes

2003 年南汉康陵出土

高 3.5、口边长 10.0、底边长 9.3 厘米

文房用具，用以盛水洗笔。

 玉片
Jade Flake

2003 年南汉康陵出土
长 4.5、宽 4.1 厘米

玉片
Jade Flake

2003 年南汉康陵出土
长 3.1、宽 2.3 厘米
应为銙带上的玉带板装饰，前蜀王建
墓和五代冯晖墓均有出土此物。

昭陵

（乾和）十六年，卜葬域于城北，运甓为圹，晟亲临视之。是秋卒，年三十九，谥曰文武光圣明孝皇帝，庙号中宗，陵曰昭陵。

——（北宋）欧阳修《新五代史》

昭陵为中宗刘晟的陵墓，位于原番禺县石马村石牛山山麓（今黄埔区广汕三路附近），1954 年发掘。

中宗刘晟

刘岩去世后，其子刘玢继位。光天二年（943 年），刘玢弟刘洪熙弑兄自立，并更名刘晟（919 ～ 958 年）。刘晟抓住中原王朝和南方诸国动荡不安的机遇，将南汉统辖区扩大到十余州，国力和疆域面积达到巅峰。但其统治后期，重用内臣，贪图享乐，导致南汉内部争权夺利，国力不断下降。

浮现昭陵

昭陵前原有石马和石象。墓室坐北朝南，为砖砌而成，主体由墓道、前室、过道和后室组成。前室东侧残留有两层砖砌成的器物箱，出土 33 件青釉瓷罐和 147 件六耳陶罐，其中四个六耳罐中保存有鸡类的骨头、鱼骨和蚶（hān）壳。根据该墓地理位置、采集到的"乾和十六年"（958 年）刻字墓砖以及文献记载，判断其为中宗刘晟的昭陵。

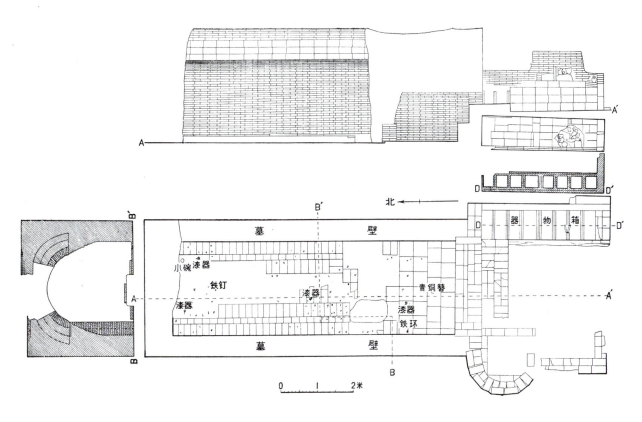

昭陵平、剖视图

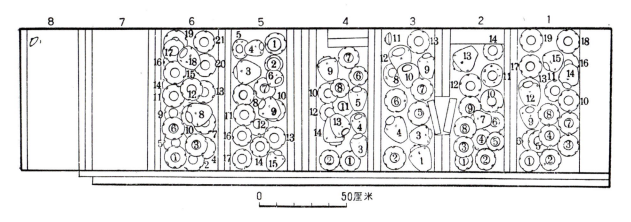

昭陵东器物箱平面图

昭陵墓砖拓片（"乾和十六年""兴宁军节"）

昭陵墓室

昭陵出土石俑

昭陵器物箱

 **石象**
Stone Elephant

广州博物馆藏
高 79.5、长 96、宽 49.7 厘米

 石马
Stone Horse

高 75.0、长 158.5、宽 30.0 厘米
原位于昭陵墓道前。20 世纪 80 年代在龙洞小学退休
教师郭纪勇同志的积极奔走呼吁下，从龙洞迁移至白
云山保存，2019 年迁移至本馆保护展示。

 **陶六耳罐**
Pottery Jar with Six Ears

1954 年南汉昭陵出土
高 13.0、口径 6.5、底径 6.8 厘米
出土时部分罐内残存有鸡骨、鱼骨与蚶壳。

 **陶六耳罐**
Pottery Jar with Six Ears

1954 年南汉昭陵出土
高 12.7、口径 5.7、底径 6.2 厘米
出土时部分罐内残存有鸡骨、鱼骨与蚶壳。

青瓷六耳盖罐

Celadon Jar with Six Ears

1954 年南汉昭陵出土

通高 19.0、口径 7.2、底径 8.5 厘米

青瓷六耳盖罐

Celadon Jar with Six Ears

1954 年南汉昭陵出土

高 16.3、口径 7.0、底径 7.5 厘米

结　语
Conclusion

　　刘氏南汉政权以汉室正统自居，承袭唐制，偏安岭南。前期开拓疆土，扩建城池；崇尚佛道，兴修寺观；发展经济，鼓励贸易；外交诸邦，内足自富。后期内忧外患，为宋所灭。总体上，南汉政权推动了岭南经济、社会和文化的进步，奠定了宋代岭南继续发展的基础，是岭南历史上的一个重要阶段。

　　考古为我们认识南汉历史开辟了新的途径。随着考古遗存和文物史迹不断发现，文献梳理和学术研究不断深入，我们终将绘制一幅更加全面、真实、生动的五代南汉人文历史画卷。

Liu' regime of Southern Han claimed itself to be the rightful heir of the Han dynasty, adopting old rules and regulations of the Tang dynasty. The Southern Han kingdom made prominent contribution to the stability and development of Lingnan area through clear governance, friendly relationships with neighbors, prosperous culture and rich resources during its early rule. Facing domestic chaos and external threats, the kingdom was eventually conquered by the Song dynasty. Generally speaking, the Southern Han kingdom opened up new prospects for further development of Lingnan' economy, society and culture, which marks an important period in the history of Lingnan.

Archaeology sheds new light on our understanding of the Southern Han kingdom. With the increasing discoveries of archaeological remains and cultural relics as well as the continuous development on systematic literature and academic research, we will eventually draw a more comprehensive, authentic and vivid panorama of Southern Han's culture and history.

编 后 记
Afterword

本图录为南汉二陵博物馆丛书第一本，在南汉二陵博物馆常设展览"汉风唐韵——五代南汉历史与文化"的基础上编撰而成。

有关南汉的历史，北宋薛居正编撰的《旧五代史》、欧阳修编撰的《新五代史》、司马光编撰的《资治通鉴》都有一些记载，清代吴任臣、梁廷楠、吴兰修等学者也分别编撰有相关著作。不过，总体上有关南汉的历史文献仍然偏少，使得长期以来南汉国的历史显得迷雾重重、争议不少。

1950 年以来，考古工作者陆续发现了南汉王陵和都城、宫殿御苑，以及窖藏、水井等遗迹，出土了丰富的遗物，此外，广东、广西、福建、湖南等地留存至今的地上史迹和文物，都为研究南汉历史提供了重要的实物资料。学界对南汉史的研究，涉及政治制度、经济水平、城市建设、海外交往等多方面，取得了比较丰硕的成果。

2003 ~ 2004 年，广州市文物考古研究所（现广州市文物考古研究院）配合广州大学城建设，在小谷围岛考古发现南汉开国皇帝刘岩的康陵及其兄长刘隐的德陵。南汉德陵和康陵被评为 2004 年中国十大考古新发现，属于五代十国考古的重大发现，引起学界的广泛关注。2006 年，南汉二陵被公布为全国重点文物保护单位。

2012 年，广州市委市政府决定依托南汉二陵建设考古遗址专题博物馆——南汉二陵博物馆，南汉历史文化自然成为博物馆的重点展示内容。为此，我院成立了五代南汉史迹与文献调查工作组，由院领导韩维龙、朱海仁牵头，尽可能全面收集反映五代南汉历史面貌的文献、考古遗存及文物史迹资料。2015 年以来，调查工作组除了在广州市内广泛收集资料外，还先后赴广东韶关、梅州、潮州、肇庆、阳江、东莞，广西贺州、桂林、梧州，江西赣州，福建福州等地实地调查、收集资料。广东省博物馆、广州博物馆、南越王宫博物馆、广州光孝寺、韶关乳源云门寺、韶关南华寺、梅州千佛塔寺、桂林市文物保护与考古研究院、梧州市博物馆、贺州市博物馆等单位为南汉文物史迹的调查和三维数字化扫描工作给予鼎力支持。在展览筹备过程中，阳春市博物馆、福建博物院、湖南省文物考古研究所、耀州窑博物馆、慈溪市文物管理委员会办公室、广州博物馆、南越王宫博物馆等兄弟单位借展部分文物或展品，为展览增色添彩。对以上各文博机构、有关单位及专家的大力支持和指导，我们在此表示衷心感谢！

一个展览的诞生饱含了众人的心血，一本图录的完成凝聚了集体的智慧。本图录文字主要由苏漪、陈馨执笔。本院王强、邝桂荣、朱明敏、吕良波、程浩、闫晓青、张金国、覃杰、曹耀文、牛沛、龙丽朵、王斯宇、孙玉霞、肖洄、唐梵婷、郑立华等同事参与讨论，修改或润色文字表述。陈泽泓、龚伯洪、魏峻、陈鸿钧等专家也提出了宝贵的修改意见。朱海仁、张强禄、易西兵审读了全稿。对以上诸位专家、同事的指导，我们在此表示衷心感谢。

本图录的出版得到文物出版社的大力支持，编辑秦彧、唐海源与摄影师宋朝、张冰为本图录付出了大量心血，在此一并致谢。

五代南汉时期是广州以至岭南地区发展历史上的一个重要阶段，对南汉国经济、政治、军事、文化、社会等诸方面的研究，仍有待更深入持续的探讨。这本图录只能算是对五代南汉相关史料及研究成果的整体梳理和总结归纳，如果有助于学界的进一步探索与思考，我们甚感欣慰。我们期待，随着更多更新的史料、考古遗存的发现，对五代南汉国整体社会历史文化面貌的认识会更加全面、更加清晰。

囿于学识水平，本图录难免存在错漏与不足，还请诸位方家批评指正。

编　者

2020 年 9 月